Brigitte Hamann

Lilith – Die dunkle Seite im Horoskop befreien

Standardwerke der Astrologie

Brigitte Hamann

Lilith – Die dunkle Seite im Horoskop befreien

Ein konkreter Deutungsweg

CHIRON VERLAG

3. Auflage 2022
ISBN 978-3-89997-266-X

Umschlag: Gabriele Karas
unter Verwendung einer Grafik von depositphotos
Horoskope: Astroplus
Druck: Finidr, Český Těšin, CZ

Zu beziehen über:
Chiron Verlag, Postfach 1250, D-72002 Tübingen

Inhalt

Für meine liebste Inge, Freundin fast meines ganzen Lebens. Danke für all die schönen Stunden, die wir miteinander verbracht haben, für Deine Wärme und Zuneigung – und dafür, dass Du mich zur Astrologie gebracht hast.

Für meine Seelenschwester Gabi in Wien. Danke, dass Du mir immer eine wirkliche Herzensfreundin warst und dass Du mich und meine Astrologie über mehr als zwei Jahrzehnte liebevoll begleitet und unterstützt hast.

Für Harald. Danke für Deine lange, wunderbare Freundschaft, Deine wegweisenden Anregungen, Deine Unterstützung und die Stunden, in denen wir über astrologische Fragen nachgesonnen haben.

Vorwort

Lilith begleitet mich seit vielen Jahren. Alles begann mit der Erkenntnis, dass die Existenz der Lilith unabdingbar mit dem Mond verknüpft ist. Das brachte einen Stein ins Rollen, der mir die Möglichkeit gab, Lilith sehr konkret und alltagstauglich zu deuten. Ab 2004 begann ich Lilith konsequent zu beobachten, aber noch hatte der geheimnisvolle dunkle Punkt nicht den gebührenden Platz in der Deutungsreihe des IC/MC-Modells.

Zuerst trat Chiron in mein astrologisches Leben, nachdem ich mehr als zehn Jahre lang das beeindruckende Kybernetische Modell von Michael Roscher unterrichtet hatte. Im Kybernetischen Modell sind die Planeten von Mond bis Pluto systemisch verbunden, Chiron und Lilith sind jedoch nicht enthalten. Anfang 2002, um meine eigene Chiron-Wiederkehr herum, meldeten sich immer mehr Menschen mit aktuellen Chiron-Themen für eine Beratung bei mir an. Ich begann mich mehr und mehr mit Chiron zu befassen und war sehr erstaunt über die Macht dieses winzigen Himmelskörpers.

Zwei Jahre später ging es mir ähnlich mit Lilith. In Beratungen und Seminaren schenkten Chiron und Lilith wertvolles Wissen zum Lebensablauf eines Menschen. Sie ergänzten die Aussagen der IC/MC-Achse, auf deren Boden sich jeder astrologische Faktor eines Horoskops, von den Planeten bis zu den Häusern, entfaltet. Lilith-Aufstellungen brachten derart intensives Material ans Licht, dass sich mein Verständnis für die Entscheidungen, Sehnsüchte und Abwehrreaktionen eines Menschen auf eine Weise vertiefte, die weitere, oft überraschende Möglichkeiten zu Heilung und Neuanfang bot.

Lilith hat mich seitdem nicht mehr losgelassen. Zusammen mit Chiron hat sie ihren festen Platz im IC/MC-Modell, das den Schwerpunkt auf die folgenden Deutungselemente legt:

- die IC/MC-Achse als Lebensbasis
- die AC/DC-Achse, die den Körper und das Begegnungs- und Beziehungspotenzial beschreibt
- die Fluchtpunktachse, die typische Strategien zeigt, mit denen wir vermeiden, das zu tun, worum es für uns geht
- Chiron als »Schmerzpunkt«, an dem wir uns als »ohnmächtig« erfahren
- Lilith als »dunkle Geschichte«, die sich wie ein roter Faden durch unser Leben zieht

Alle Deutungselemente zusammen ergeben einen umfassenden Blick auf das Leben eines Menschen und seine Geschichte, die sich in Ähnlichkeiten wiederholt wie ein fraktales Muster.

In den zurückliegenden Jahren habe ich zu Lilith beraten und Seminare und Vorträge gehalten. Nun war es Zeit, ein Buch zu Lilith zu schreiben. Trotz meines langen Umgangs mit Lilith hat es mich fasziniert und glücklich gemacht, mein Lilith-Wissen schriftlich niederzulegen.

Ich wünsche allen, die sich mit Lilith auf die in diesem Buch beschriebene Weise befassen wollen, wertvolle Einsichten und das wunderbare »Aha-Erlebnis«, mit dem die dunkle Geschichte der Lilith aus tiefstem Inneren verstanden und befreit werden kann.

Brigitte Hamann, im Mai 2019

Die Mythologie der Lilith

Viel wurde über Lilith geschrieben. Unterschiedlichste Mythen rankten und ranken sich um sie und die erste Frau Adams soll sie gewesen sein. Oft ist zu lesen, sie komme in den Apokryphen vor, aber dort wird Lilith nicht erwähnt. Auch in der gesamten Bibel ist nur ein einziges Mal von Lilith die Rede. In der Textbibel von 1899 im Buch Jesaja (34,11-15) wird geschildert, wie das Land Edom vernichtet wird. Lilith wird in Abschnitt 14 genannt:

8 *Denn ein Tag der Rache kommt von Jahwe, ein Jahr der Vergeltung für die Sache Zions.*
9 *Edoms Bäche werden sich in Pech verwandeln, und sein Erdreich in Schwefel, dass sein Land zu brennendem Peche wird.*
10 *Weder nachts noch bei Tage wird es verlöschen, immerfort wird sein Qualm aufsteigen; von Geschlecht zu Geschlechte wird es wüste liegen, auf ewige Zeiten wird es niemand durchwandern.*
11 *Pelikan und Rohrdommel werden es in Besitz nehmen, Uhu und Rabe werden darin wohnen. Und Jahwe wird darüber ausspannen die Messschnur der Öde und das Senkblei der Leere.*
12 *Sein Adel – niemand ruft mehr das Königtum aus, und alle seine Führer werden zunichte.*
13 *In seinen Palästen werden Dornen aufschießen, Nesseln und Disteln in seinen Festungen; sie werden zur Wohnung von Schakalen, zu einem Gehege für Strauße,*
14 *und Wildkatzen werden Schakalen begegnen und Bocksgeister einander treffen. Nur die* ***Lilith*** *wird dort rasten und eine Ruhestätte für sich finden.*

Auch die Elberfelder Bibel zählt zu dem Bibelübersetzungen, die das hebräische Wort *lilit* mit »Lilit« wiedergeben. Andere, wie zum Beispiel die Lutherbibel, übersetzen *Lilit* mit »Nachtgespenst« und die Neue-Welt-Übersetzung mit »Nachtschwalbe«. Über Lilith selbst wird nur ausgesagt, dass ihre Heimat die Wüste ist. Ob es sich dabei wirklich um die ursprünglich altbabylonische und altsumerische Göttin Lilitu (Lildu) handelt, ist nicht geklärt.

Ist Lilith Adams erste Frau? In der Genesis 1,17 heißt es:
Gott erschuf den Menschen als sein Bild, als Bild Gottes erschuf er ihn. Männlich und weiblich erschuf er sie. (Einheitsübersetzung)

Im 3. Buch der Genesis (3,20) wird der Name von Adams Frau zum ersten Mal erwähnt:
Der Mensch gab seiner Frau den Namen Eva, Leben, denn sie wurde die Mutter aller Lebendigen.

Es gibt also zwei Varianten zur Schöpfung von Mann und Frau. In der einen Version werden Mann und Frau gleichzeitig und ebenbürtig geschaffen. In der anderen Variante hören wir von Eva und der berühmten Rippe. Eine erste Frau Adams oder eine Lilith kommt in keinem der beiden Bücher vor. Spätere jüdische und christliche Autoren versuchten das Problem der Unvereinbarkeit beider Schöpfungsvarianten zu lösen, mit unterschiedlichen Ergebnissen. Hier taucht Lilith als erste Frau Adams zum ersten Mal auf.

Lilith als erste Frau Adams. Der MIDRASCH[1] berichtet, dass Gott Adam und Lilith aus demselben Lehm erschuf, um Adam ein Weib zu schenken. Das Lehmstück, aus dem Lilith geschaffen wurde,

---

1 Der Midrasch ist eine Sammlung von auslegenden Texten zum Tanach und Talmud. Im Midrasch werden keine Gebote und Verbote aufgelistet, welche die Regeln der jüdischen Religion festlegen wie im Tanach und Talmud.

war aber mit dem Speichel des von Gott verstoßenen Erzengels Samael verunreinigt. Samael hatte gegen Gott rebelliert – und das tat auch Lilith.

Gott holte Lilith vor der ersten Nacht zu sich und sagte ihr, sie solle Adam untertan sein, was bedeute, dass sie beim Geschlechtsakt unten zu liegen habe. Dazu war Lilith aber nicht bereit. »Wir sind beide gleich, da wir beide aus Erde erschaffen wurden«, sagte sie zu Adam. So bestanden sowohl Adam als auch Lilith darauf, bei der Vereinigung oben zu liegen. Da sprach Lilith den geheimen Namen des Herrn »Schem Hammeforasch« aus und flog davon. Auf Adams Flehen hin sandte Gott die drei Engel Sanvi, Sansanvi und Semangelaf, um sie zurückzuholen, aber Lilith ließ sich nicht umstimmen. Sie hatte sich an der Küste des Roten Meeres niedergelassen und war eine Verbindung mit dem Dämon Djinns eingegangen, mit dem sie viele Kinder zeugte. Als Strafe für ihren Ungehorsam ließ Gott jeden Tag 100 ihrer Kinder töten. Vor Trauer wahnsinnig, begann sie nun selbst als kindermordende Dämonin Schrecken und Angst zu verbreiten.

Lilith wurde zur Herrscherin über die Nacht. Ihr Tier ist die Eule, der Vogel der Nacht und der Weisheit, der auch als Todesbote gilt. Auf Hebräisch bedeutet der Name Lilith (תילי׳ל) die »Nächtliche«. Lilith soll die Schlange im Paradies gewesen sein, die Eva die Frucht vom Baum der Erkenntnis angeboten hat. Männern erscheint die »Nächtliche« als Verführerin, Frauen erleben, wie sie ihnen ihre Kinder raubt und verschlingt. Schwangere und Gebärende schützten sich vor ihr mit Amuletten und magischen Texten.

Lilith, die siebte Dämonin. Im 13. Jahrhundert schrieb Rabbi Isaac ben Jacob ha-Cohen die erste kabbalistische Abhandlung TREATISE ON THE LEFT EMANATIONS, in der sieben böse Dämonen den Kräften des Guten, den Emanations on the Right, gegenüberstehen. Der siebte Dämon war weiblich und hieß Lilith.[2] Lilith, so der Mystiker Rabbi

2 Samizdat: Rabbi Isaac Ben Jacob Ha-Cohn, https://therealsamizdat.com/category/rabbi-isaac-ben-jacob-ha-cohen/

Abbildung 1: Darstellung der Lilith aus Mesopotamien

Isaac, sei aus metaphysischen Quellen hervorgegangen und von ihm entdeckt worden, als er diese Quellen ergründete.

Lilith in der Mythologie Mesopotamiens. Die Ursprünge der Lilith gehen weit zurück. In der sumerischen Mythologie, den ersten religiösen Texten Mesopotamiens, ist von LIL.LU die Rede. In Babylonien nannte man sie Lilitu. Ihr hebräischer Name Lilith taucht zum ersten Mal in einer sumerischen Version des GILGAMESH EPOS auf.[3] Als Begleiterin des

3 Siehe Hurwitz, Siegmund: Lilith – Die erste Eva. Eine historische und psychologische Studie über dunkle Aspekte des Weiblichen. Einsiedeln 2004, S. 57

Dämons Lil-la, ein sumerischer Windgott, ist auch Lilith eine Windgöttin, die als Mischwesen mit hängenden Flügeln und Krallen dargestellt wurde. In der sumerischen Erzählung Inanna und der Huluppu-Baum wird sie vom Weltenbaum des Paradiesgartens in die Wüste vertrieben.[4]

Lilith – eine Dämonin der Lust und der Verführung, eine Frau, die beim Sex eine eigene Meinung vertritt und dem Mann nicht untertan sein will, ein Sturmgeist, ein Nachtgespenst, das Krankheit und Tod bringt, ein gefallener Engel, eine grausame Wüstendämonin und Kindsmörderin – welche Gestalt könnte die Fantasie von Männern und Frauen mehr entfachen? Alte heidnische Glaubensrichtungen sahen in Lilith die Erdmutter Gaia.

Im christlichen Kulturraum ist die Version der Lilith als erster Frau Adams besonders beliebt. Sie wurde zur ersten Feministin, weil sie sich im Gegensatz zu Eva nicht Adam unterwarf, sondern lieber in der Wüste lebte und sogar dem Teufel widerstanden haben soll.

Diese mythologische Vielfalt macht Lilith zu einer Symbolfigur und Projektionsfläche für viele Vorstellungen, Wünsche und Anliegen. Der Nachteil liegt eindeutig auf der Hand: Ohne eine klar umrissene Definition, die aus der Mythologie nur schwer abzuleiten ist, wird eine Lilith-Deutung schnell beliebig. Deutet man Lilith aus der Mythologie, stellen sich Fragen wie: Ist sie nun eine wohlwollende oder eine zerstörerische Kraft im Horoskop? Was genau will sie uns sagen? Wirkt sich Lilith bei Männern und Frauen unterschiedlich aus? Wie ist ihre rebellische Kraft von Uranus abzugrenzen? Wie das Dunkle, Rachsüchtige, das in Vorstellungen verharrt, von Pluto zu differenzieren? Was ist anders am Schmerz der Lilith als am Schmerz des Chiron? Was hat es mit ihren hellseherischen Kräften auf sich, das anders ist als bei Neptun? Und wenn sie uns das Zerstörerische in uns zeigt, worin unterscheidet sie sich vom 8. Haus? Herrscht sie über ein Tierkreiszeichen? Und wenn ja, über welches und warum?

---

4 Lilith. http://daimon.myzel.net/Lilith#cite_note-1

Abbildung 2: Lilith gemalt von John Collier (1887)

Doch nicht nur die Mythologie wirft Fragen auf. Ein Blick auf die Versuche, Lilith astronomisch zweifelsfrei festzulegen, zeigt: Lilith entzieht sich dem menschlichen Bedürfnis nach Exaktheit, nach Widerspruchsfreiheit, nach einer einfachen Lösung. Es beginnt mit der Frage, ob Lilith aus astronomischer Sicht der zweite Brennpunkt der elliptischen Bahn des Mondes um die Sonne ist oder der erdfernste Punkt dieser Bahn, das Apogäum oder etwa ein Asteroid dieses Namens, aus dem Asteroiden-Hauptgürtel, der sich zwischen den Planetenbahnen von Mars und Jupiter befindet. Hat man sich nun auf eine Variante festgelegt, zeigt sich, dass die Berechnung ihrer Bahn mehr Schwierigkeiten als Klarheit aufwirft. Wer sich mit Lilith mythologisch und deutungstechnisch beschäftigt, stellt schnell fest, dass sich mehr Fragen als Antworten, mehr offener Raum als verlässliche Definitionen auftun.

Lilith lässt sich nicht einfach kategorisieren wie das bei Venus, Mars oder Saturn möglich ist. Selbst der Mond mit seinem geheimnisvoll-mystischen Bild am Nachthimmel kann so definiert werden, dass er für den menschlichen Verstand gut begreifbar ist. Mit Lilith betreten wir eine Welt, die sich einer praxisnahen Deutung zunächst entzieht.

So bleibt die Frage: Was ist Lilith denn nun im Horoskop? Welche Definition wählen wir, um Lilith in einem Horoskop methodisch so zu deuten, dass sich diese Deutung technisch und inhaltlich korrekt auch auf andere Horoskope übertragen lässt? Können wir Lilith so deuten, dass sie uns praktische, täglich nutzbare Informationen liefert? Um diese Fragen zu beantworten, wenden wir uns zunächst der Astronomie der Lilith zu.

Die Astronomie der Lilith

Welche Lilith soll es sein?

Für die astronomische Lilith gibt es unterschiedliche Definitionen. Lilith ist:

1. *das Apogäum* – der erdfernste Punkt der Mondbahn (erdnähster Punkt: Perigäum). Als erdfernster Punkt stellt das Apogäum einen Umschlagpunkt dar. Von dort geht es wieder zurück Richtung Perigäum;

2. *der zweite Brennpunkt* der (näherungsweise) elliptischen Bahn des Mondes um die Erde. Eine Ellipse hat zwei Brennpunkte. Die Erde nimmt den ersten Brennpunkt der Mondbahn ein;
3. *ein Asteroid.* Lilith ist ein Asteroid (Nr. 1181) des Asteroiden-Hauptgürtels. Er wurde am 11. Februar 1927 von Benjamin Jekhowsky in Algier entdeckt. Der Entdecker wählte den Namen »Lilith« zu Ehren der französischen Komponistin Marie Juliette Olga »Lili« Boulanger (1893–1918), der Schwester der bekannteren Dirigentin und Komponistin Nadia Juliette Boulanger. Seine Umlaufbahn beträgt 4 Jahre, 128 Tage;

4. *ein hypothetischer Erdtrabant.* Mit Lilith wird ein hypothetischer Erdtrabant bezeichnet, der im 19. Jahrhundert von Georg Waltemath aus Hamburg vorausgesagt, aber nie entdeckt wurde. Den heute bekannten Namen erhielt er im Jahre 1918 vom Astrologen Sepharial.

Die meisten Astrologen vertreten die Auffassungen Nr. 1 und 2, also Lilith als Apogäum oder als der zweite Brennpunkt. Rechnerisch macht dies jedoch praktisch keinen Unterschied, da der zweite Brennpunkt und das Apogäum auf einer Linie liegen und sich damit bei der Berechnung ein und derselbe Tierkreisgrad ergibt.

Auf jeden Fall ist Lilith ein sensitiver Punkt (wie z. B. auch die Mondknoten), also kein real existierender, beobachtbarer Himmelkörper wie ein Planet oder Asteroid.

Lilith als zweiter Brennpunkt der Mondbahn um die Erde

Die Mondbahn um die Erde hat annähernd die Form einer Ellipse. Wie jede Ellipse hat auch die Mondbahn zwei Brennpunkte. In dem einen Brennpunkt befindet sich die Erde, der andere wäre dann Lilith. Die realen astronomischen Verhältnisse sind allerdings bei Weitem nicht so exakt wie auf der Abbildung. Da der Mond nicht nur von der Anziehungskraft der Erde, sondern auch von der Anziehungskraft der Sonne und der übrigen Planeten beeinflusst wird, weicht seine Bahn deutlich von der einer reinen Ellipse ab. Außerdem umkreist der Mond die Erde mit einer Abweichung von 5 Grad von der Ekliptik, die zusätzlich einbezogen werden müssen, um die Ekliptikposition für Lilith zu bestimmen. Die realen astronomischen Verhältnisse sind also bei Weitem nicht so exakt wie auf den Abbildungen 3 und 4 gezeigt. Der zweite Brennpunkt der Mondumlaufbahn ist die von Astrologen am häufigsten verwendete Lilith.

Die wahre Lilith

Die sogenannte wahre Lilith wird berechnet, indem man die Mondbahn, die durch die Schwerkraft der Sonne, der Erde und weiterer Planeten verformt wird, an eine Keplersche Ellipse angleicht und so von

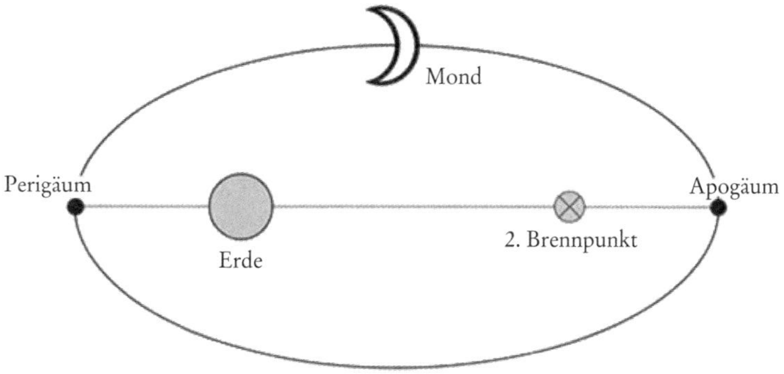

Abbildung 3: Die zwei Brennpunkte der Mondbahn.

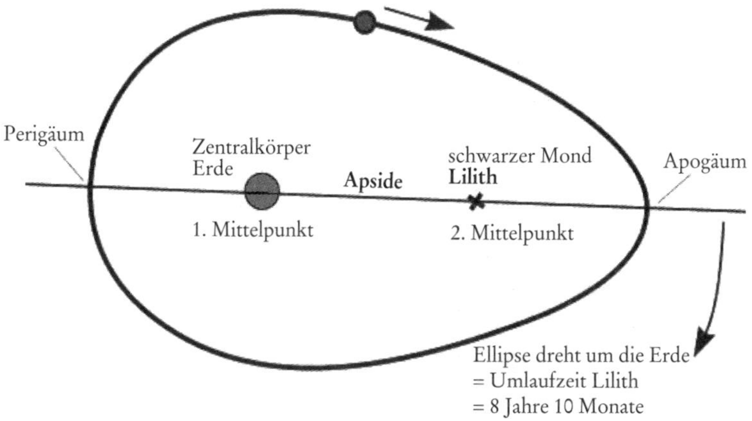

Abbildung 4: Die elliptische Umlaufbahn des Mondes.

einer Idealbahn des Mondes ausgeht. Da diese Idealbahn keineswegs den realen Verhältnissen entspricht, ergibt diese Berechnung schnell und unregelmäßig wechselnde Lilith-Positionen, die nicht wirklich »wahr«, sondern angenähert sind. Die »wahre« Lilith wird mehrfach im Monat rückläufig und weicht bis zu 30 Grad von der mittleren Lilith ab.

Die mittlere Lilith

Die Positionen der mittleren Lilith sind anhand der Ellipsenform mathematisch gemittelt. Mittlere Positionen sind per Definition nicht exakt. Das kann man als Nachteil betrachten. Tatsache aber ist, dass auch andere gemittelte Positionen wie z. B. der mittlere Mondknoten hervorragend funktionieren. Aufgrund der speziellen und unregelmäßigen Mondbahn, die durch die Schwerkraft von Erde und Sonne verzerrt wird, bietet es sich an, mit einer mittleren Lilith zu arbeiten.

Ein weiterer gemittelter astrologischer Faktor, der sich überzeugend bewährt hat, ist der Nabodbogen (Naibod-Bogen), den der Mathematiker, Astronom und Astrologe Valentin Nabod in die Astrologie eingeführt hat. Der Nabodbogen entspricht der mittleren täglichen Bewegung der Sonne. Er weicht vom wahren Sonnenbogen ab und hat den festen Wert von 0° 59'08,33 pro Tag. Mit dem Nabodbogen können erstaunlich genaue Prognosen erstellt und die Geburtszeit überprüft und korrigiert werden. Gleichzeitig hat man eine feste Größe, mit der sich auch ohne Ephemeriden rechnen lässt. Valentin Nabod ist auch als Valentin Naibod (und Naboth) bekannt, weshalb die Bezeichnung Naibodbogen ebenfalls geläufig ist.

Die gemittelte Position der Lilith macht sie zu einem Brennpunkt im wörtlichen Sinn: Sie ist der Schwerpunkt, in dem die unregelmäßigen Positionen der wahren Lilith zusammenfallen.

Die mittlere Lilith ist zwar ebenso wenig astronomisch exakt wie beispielsweise der Nabodbogen, aber, wie sich in der Praxis zeigt, effektiv in der astrologischen Deutung. Die Horoskope in diesem Buch sprechen für sich – die mittlere Lilith funktioniert in Radixhoroskopen und in der Prognose mit beeindruckender Exaktheit.

Lilith präsentiert uns alles, nur nichts, was sich in ein fest umrissenes Konzept bringen ließe wie es bei den Planeten und selbst den Mondknoten möglich ist. Von der Mythologie über die Frage, welche Lilith zu verwenden ist, bis zu den ungelösten Problemen und Rätseln ihrer Berechnung konfrontiert uns Lilith mit der Notwendigkeit, uns in das Unbekannte vorzuwagen und Erfahrung und Praxis über vorgegebenes Wissen zu stellen. Der Quantenphysiker Hans-Peter Dürr nannte dieses Unbekannte den »Raum ohne Ränder« – ein Bereich, in dem wir uns nicht mehr auf Sicherheit und Gewissheit gebende Grenzen stützen können.[5]

Die mittlere Lilith wird nie rückläufig. Ihr Umlauf beträgt 8 Jahre und 312 Tage.

In den meisten Astrologie-Programmen wird die **mittlere Lilith** angezeigt. Sie entspricht dem zweiten Brennpunkt der Mondumlaufbahn. Es gibt jedoch oft auch die Möglichkeit, andere Formen der Lilith einzustellen.

Lilith als Apogäum

Der Punkt, an dem sich der Mond auf seiner Bahn am weitesten von der Erde entfernt befindet, wird Apogäum genannt. Gegenüber liegt der erdnähste Punkt, das Perigäum, das astrologisch auch als Priapus gedeutet wird. Als erdfernster Punkt stellt das Apogäum einen Höhepunkt und Wendepunkt dar. Von dort geht es wieder zurück in Richtung Perigäum. Eine astrologische Deutung des Apogäums müsste – abgesehen von den erheblichen Schwierigkeiten einer Berechnung – diese Tatsache einbeziehen.

Lilith als Asteroid

Im Asteroidengürtel zwischen den Bahnen von Mars und Jupiter gibt es einen Asteroiden mit dem Namen Lilith. Er hat die Ordnungsnummer 1181 und stellt anders als die beiden anderen Lilith-Formen – das

5 Dürr, Hans-Peter: Oesterreicher Marianne: Wir erleben mehr als wir begreifen. Freiburg 2001

Apogäum und der zweite Brennpunkt der Mondbahn – einen konkreten Himmelskörper dar. Seine Umlaufzeit beträgt 4 Jahre und 2 Monate. Dieser Asteroid hat keinen Bezug zum Mond und muss deshalb eine andere Bedeutung haben als das Apogäum und der zweite Brennpunkt der Mondbahn, die nur durch den Mond existieren. Wollte man den Asteroid Lilith deuten, müsste man sich ähnlich wie bei Chiron, dessen Bahn zwischen Saturn und Uranus verläuft, auf seine astronomische Position zwischen Mars und Jupiter beziehen. Überlegungen dazu sind z. B.: Der Asteroid Lilith steht »dazwischen«, entweder im Sinne eines Vermittlers oder so, dass er etwas von beiden Planeten verkörpert. Das kann eine sehr große Durchsetzungskraft sein oder eine Verbindung von Aggression und Toleranz. Eine aggressive Toleranz ist immer eine Scheintoleranz (»ich will ja nichts sagen, aber...«). Auch ein Zwiespalt zwischen den eigenen Interessen und dem Wunsch nach einer größeren Sichtweise und weitere Deutungen sind möglich.

Die Methode: Lilith deuten aus der Astronomie

So viel Widersprüchliches die Lilith-Mythologie bietet, so einfach ist die Deutung aus der Astronomie. Ob Lilith nun als der zweite Brennpunkt der elliptischen Laufbahn um die Erde gedeutet wird oder als Apogäum – immer gilt das Gleiche:

Lilith würde ohne den Mond nicht existieren.

Lilith ist also eine Funktion der Mondbahn, ein Faktor, der unabdingbar vom Mond abhängt. Nimmt man den Mond aus dem Horoskop, verschwindet Lilith mit ihm. Der Mond könnte jedoch auch dann weiter im Horoskop existieren, wenn seine Bahn keine Brennpunkte erzeugen würde. Lilith ist eben kein Planet, der als feste Masse existiert, sondern ähnlich wie die Mondknoten ein rechnerischer Punkt. Während Lilith sich aus der Umlaufbahn des Mondes um die Erde ergibt, stellen die Mondknoten die Schnittpunkte der Umlaufbahn des Mondes mit der Umlaufbahn der Erde um die Sonne, der Ekliptik, dar.

Wie könnten wir aus dieser Sicht Lilith ohne den Mond deuten, wenn ihre Grundlage doch der Mond selbst ist – in der Astronomie und daher ebenso im Horoskop, das ja nichts anderes ist als die zweidimensionale Darstellung der dreidimensionalen Verhältnisse am Himmel?

Hält man sich strikt an diesen Zusammenhang, ergibt sich ein konkreter Deutungsweg für Lilith auf der Grundlage dieser Aussage:

Lilith kann immer nur zusammen mit dem Mond gedeutet werden.

Wie alltagstauglich eine Deutung von Mond und Lilith im Doppelpack ist, zeigen die Horoskope, die ich in diesem Buch präsentiere.

Meine Aussagen über Lilith sind in vielen Jahren der Praxis gewachsen, in Beratungen, Seminaren, durch eigenes Erleben oder bei Freunden. Wenn ich das Lilith-Thema ansprach, waren die Menschen aufgerüttelt, betroffen, zumindest höchst erstaunt. Sie wurden auf Erlebnisse in ihrem Leben aufmerksam gemacht, die, wie ihnen plötzlich deutlich vor Augen stand, ihr Leben massiv beeinflusst hatten. Zusammen mit dem Mond wurde eine ganze Geschichte daraus – eine dunkle Geschichte, die zu erkennen, indem sie beleuchtet wurde, vielen Befreiung und Heilung brachte.

Die dunkle Geschichte beschreibt zwar auch reale Erlebnisse und Gegebenheiten, aber vor allem erzählt sie eben eine Geschichte – die Art und Weise, wie wir Erlebnisse verknüpfen, wie wir sie bewerten und einordnen und wie wir dabei fühlen. Wie alles andere, was unser Leben ausmacht, ist auch die Lilith-Geschichte die Geschichte subjektiver Erfahrungen und all dessen, was für uns zu einem Lebensdrehbuch daraus wurde.

Lilith-Auslösungen im Laufe des Lebens lassen die dunkle Geschichte und all ihre Gefühle, Empfindungen und Gedanken wiederaufleben, nachdem sie oft verdrängt und vergessen wurden. Jeder Mensch dreht »Lilith-Runden«, die schwierig sind. Aber irgendwann reißt der dunkle Wolkenhimmel auf und es entsteht Klarheit: »Ach so ist das! Jetzt verstehe ich! Eigentlich habe ich es doch schon immer gewusst oder geahnt!« Dann zeigt sich Lilith von ihrer hellen Seite. Das Licht im Dunkel tritt hervor, die Sehnsüchte und Wünsche, die mit Lilith verbunden sind, werden deutlich und können als Entscheidungshilfe und Handlungsantrieb genutzt werden. Rückwirkend betrachtet stellen viele Menschen fest, dass sie auch schon früher wichtige, richtungsweisende Erfahrungen mit Lilith gemacht haben. Immer war auch der alte Lilith-Schmerz dabei, aber eben auch das, was mit Lilith angestrebt und erreicht werden kann.

Bevor ich mich der Frage zuwende, was Lilith im Horoskop aus dieser Sicht bedeutet, möchte ich zuerst den Mond-Lilith-Deutungsweg beschreiben.

Der Mond-Lilith-Deutungsweg

A. Wir deuten zuerst den Mond im Horoskop:

1. In welchem Haus steht der Mond?
2. Aus welchem Haus kommt der Mond?
3. Der Mond steht als Herrscher von Haus x in Haus y: Welche Häuserkonstellation ist das und was bedeutet sie?
4. Welche Planeten bilden einen Aspekt zum Mond?
5. Über welche Häuser herrschen die Planeten, die einen Aspekt zum Mond bilden? Welche Themen bringen sie in das Mondthema ein?
6. Auf welchem Tierkreisgrad (Kritischer Grad nach Michael Roscher) steht der Mond?
7. In welchem Zeichen steht der Mond? Das Zeichen ist von der Aussagekraft allen anderen Aussagen untergeordnet und wird daher als letztes einbezogen.
8. Wie kann man die Aussage des Mondes zusammenfassen?

Alle Aussagen zusammen vermitteln ein vollständiges Bild vom Mond und den Themen, die er umfasst. Lilith als Funktion des Mondes bzw. der Mondbahn muss zwingend mit diesen Themen verbunden sein, denn ohne die Mondthemen gäbe es keine Lilith-Themen.

B. Nun wird Lilith gedeutet:

1. In welchem Haus steht Lilith?
2. Welche Planeten bilden einen Aspekt zu Lilith?
3. Über welche Häuser herrschen die Planeten, die einen Aspekt zu Lilith bilden? Welche Themen bringen diese Planeten in das Lilith-Thema ein?
4. Auf welchem Tierkreisgrad (Kritischer Grad nach Michael Roscher) steht Lilith?
5. In welchem Zeichen steht Lilith? Lilith im Tierkreiszeichen hat nur eine sehr geringe Aussagekraft, da sie sich mit 8 Jahren und 312 Tagen, also näherungsweise 9 Jahren, ziemlich langsam durch den

Tierkreis bewegt. Der Mond braucht dazu nur einen Monat (siehe Kapitel »Raum- und Zeitspezifität«). Die Zeichenposition kann deshalb weggelassen werden, ohne auf wichtige Aussagen zu verzichten.

6. Wie kann man die Aussagen der Lilith zusammenfassen?

C. Jetzt fassen wir die Deutung des Mondes und der Lilith zusammen

Was bedeutet Lilith als dunkle, verborgene Seite des Mondes? Um welche »dunkle Geschichte« geht es hier?

D. Nun deuten wir die IC/MC-Achse als Grundlage für die Verwirklichung von Mond und Lilith

1. In welche Tierkreiszeichen fallen IC und MC? Was sagt diese Zeichenkombination aus? Eine ausführliche Deutung der IC/MC-Achsen und der Deutungstechnik ist in meinem Buch »Ihr Lebensziel. Die IC/MC-Achse und der Lebenssinn im Horoskop« enthalten.
2. Auf welchem Kritischen Grad steht das IC?
3. In welchem Haus steht der Herrscher des IC?
4. Welche Aspekte bildet der Herrscher des IC?
5. Aus welchen Häusern kommen die Planeten, die Aspekte zum Herrscher des IC bilden?
6. Welche Häuserkonstellation kommt durch diesen Aspekt zustande? Was sagt diese Konstellation aus?
7. Gibt es Planeten, die von der Seite des IC ein exaktes Quadrat zur AC/DC-Achse bilden (Orbis 3 Grad nach beiden Seiten) und die daher den Charakter eines Quasi-IC einnehmen?
8. Was sagt dieses Quasi-IC aus?
9. Auf welchem Kritischen Grad steht das MC?
10. In welchem Haus steht der Herrscher des MC?
11. Welche Aspekte bildet der Herrscher des MC?
12. Aus welchen Häusern kommen die Planeten, die Aspekte zum Herrscher des MC bilden?

13. Welche Häuserkonstellation kommt durch diesen Aspekt zustande? Was sagt diese Konstellation aus?
14. Gibt es Planeten, die von der Seite des MC ein exaktes Quadrat zur AC/DC-Achse bilden (Orbis 3 Grad nach beiden Seiten) und die daher den Charakter eines Quasi-MC einnehmen?
15. Was sagt dieses Quasi-MC aus?
16. Wie kann man die Aussage der IC/MC-Achse als Grundlage des Lebensweges zusammenfassen?
17. In welchem Lebensrahmen (IC/MC) können sich Mond und Lilith entfalten? Was bedeuten die Aussagen der IC/MC-Achse für die Art und Weise, in der sich die dunkle Geschichte entwickeln kann?

Die Reihenfolge in der Deutung: Im IC/MC-Modell beginnt die Deutung immer mit der IC/MC-Achse. So lernt man die große Lebensleitlinie eines Menschen kennen. Wenn Lilith, Mond, Chiron oder ein anderer Faktor im Horoskop Ihre besondere Aufmerksamkeit erregt, können Sie natürlich zuerst einen Blick auf diesen Deutungsfaktor werfen und ihn analysieren. Mit einem ersten Blick auf Lilith können Sie sich bereits eine Orientierung verschaffen, an welcher Stelle sich die dunkle Geschichte auswirkt, die es im Leben eines jeden Menschen gibt.

Da sich aber jeder Faktor im Horoskop, also jeder Planet, jedes Haus, jeder fiktive Punkt, nur in dem Rahmen entfalten kann, den die IC/MC-Achse vorgibt, muss diese Achse immer gedeutet werden, um ein vollständiges Bild zu erhalten. Wenn die Themen des 4. und 10. Hauses (IC und MC) erarbeitet und verstanden wurden, liefern Mond und Lilith wesentliche Detailinformationen zur Lebensgeschichte und zum Lebensdrehbuch.

Der Orbis

Lilith ist kein Planet. Der Orbis kann also nur sehr klein sein und hängt davon ab, welchen astrologischen Faktor Lilith aspektiert. Bei einer

Hausspitze nehme ich 1 Grad nach beiden Seiten des Hauses. Bitte denken Sie daran, dass dieser Orbis nur dann verlässlich ist, wenn die Geburtszeit überprüft und gegebenenfalls korrigiert wurde. Bei einem unkorrigierten Horoskop muss man mit der Zuordnung der Lilith zu einem Haus vorsichtiger umgehen und beide Häuser, in die Lilith fallen könnte, durch Nachfrage prüfen.

Hausspitzen können auch nach einer sorgfältigen Korrektur noch minimal vom optimalen Wert abweichen. Wer längere Zeit mit der Geburtszeitkorrektur von Michael Roscher gearbeitet hat und immer einmal wieder die Gelegenheit hatte, mit bereits korrigierten Horoskopen zu arbeiten (z. B. wenn Beratungsklienten wiederkommen), wird feststellen, dass in einem kleinen Bereich von Bogenminuten oft noch nachkorrigiert werden kann. Deshalb macht es wenig Sinn, den Lilith-Orbis minutiös anhand der Gradzahl einer Hausspitze auszurechnen. Besser ist, zu prüfen, ob Lilith inhaltlich in das entsprechende Haus gehört.

Der Orbis zu den Hauptachsen ist größer: Hier haben sich 2 Grad nach beiden Seiten bewährt.

Bei Planeten nehme ich den Orbis, der dem Planeten entspricht. Bei Sonne und Mond sind das 8 Grad, bei Langsamläufern 3 Grad und bei den Planeten Merkur, Venus und Mars kann man bis 7 Grad gehen. Jupiter und Saturn sollten nicht mehr als 5 Grad Orbis bekommen.

Raum- und Zeitspezifität: Warum Häuser Vorrang vor Tierkreiszeichen haben

Bei den Horoskopdeutungen wird Ihnen auffallen, dass ich die Planeten in den Häusern, nicht aber in den Tierkreiszeichen deute. Der Mond bildet wegen seiner schnellen Bewegung eine Ausnahme, wobei auch hier die Mond-Position im Tierkreiszeichen eine geringere Bedeutung hat und eher als ergänzende Information zu den Deutungen zu sehen ist, die über die Häuser erfolgen.

In seinem Buch PRAXIS DER HOROSKOPINTERPRETATION, München 1992, S. 63 ff, hat Michael Roscher diese Vorgehensweise anhand der Raum- und Zeitspezifität begründet:

Die Raumspezifität definiert sich als die Genauigkeit, mit der eine Konstellation für einen bestimmten Ort zuständig ist. Eine Konstellation, die für die ganze Welt gilt, hat keinerlei Raumspezifität. Gilt eine Konstellation für ein ganzes Land, handelt es sich um eine geringe Raumspezifität, und würde die Konstellation nur für wenige Quadratmeter Fläche (z. B. ein Haus) zutreffen, hätten wir eine sehr hohe Raumspezifität.

Die Zeitspezifität entspricht der Dauer, die eine Konstellation Gültigkeit hat. Es gibt Konstellationen, die einige Jahrtausende gelten (z. B. die Bewegung des Frühlingspunktes durch die Tierkreiszeichen), andere haben nur wenige Minuten Gültigkeit (z. B. die Zeit, die ein Aszendent benötigt, um einen Tierkreisgrad zu durchlaufen).

Die Planetenstellungen in den Tierkreiszeichen sind auf der gesamten Erde gleich, hier kommt also nur die Zeitspezifität in Frage, die immerhin zwischen zweieinhalb Tagen (beim Mond) und mehreren Jahrzehnten (bei Pluto) variieren kann. Um es noch einmal deutlich zu sagen: Planetenpositionen in den Tierkreiszeichen besitzen keinerlei Raumspezifität!

Die Raumspezifität ist vollständig an das Häusersystem gebunden: Das Winkelverhältnis von Tierkreis und Horizont (zu einem gegebenen Zeitpunkt) bestimmt Größe und Lage der Häuser.

Die Horoskopfelder (= Häuserspitzen) legen somit fest, für welchen Ort (bzw. für welches Gebiet) eine gegebene Konstellation zuständig ist. Gleichzeitig besitzen sie durch ihre im Verhältnis zu den Planetenbewegungen im Tierkreis extrem schnelle Veränderlichkeit (etwa alle vier Minuten Verschiebung der Häuserspitzen um ein Grad) ein hohes Maß an Zeitspezifität. Die Hausspitzen, und mit ihnen AC und MC, besitzen also von allen Horoskopelementen sowohl die größte Raum- als auch die größte Zeitspezifität!

Es wundert mich, wie wenig diese Überlegungen auch anerkannte Astrologen beschäftigt. Ich halte es für ausgeschlossen, dass eine Konstellation, die für Millionen Menschen gleichermaßen gilt, gleichzeitig individuelle Aussagen über mich erlauben soll. Beispiel: Pluto befand sich von 1939 bis 1957 im Zeichen Löwe. Der Löwe ist im Körperlichen dem Herzen zugeordnet, eine der vielen Entsprechungen Plutos ist das physische Ende. So gesehen ist die Aussage »Pluto im Löwen = möglicher Herztod« völlig korrekt. Diese Aussage gilt allerdings für alle Menschen, die auf der gesamten Erde in einem Zeitraum von achtzehn Jahren geboren wurden. Was bedeutet also diese Annahme? Werden viele Millionen von Menschen an Herzinfarkt sterben, und zwar nur die Jahrgänge 39 bis 57? Oder werden in dieser Zeitphase Geborene zumindest öfter als andere an Herzinfarkt sterben?

Nun, unbestreitbare und nachweisbare Tatsache ist, dass vor und nach dem genannten Zeitraum Menschen am Herztod gestorben sind. Gesichert ist allerdings auch, dass manche Menschen, trotz ihrer Pluto-Stellung im Löwen, nie einen Infarkt hatten. Wenn diese Konstellation also irgendeine individuelle Bedeutung haben kann, so bleibt nur die zweite Variante: Menschen mit Pluto im Löwen erleiden im Durchschnitt möglicherweise öfter einen tödlichen Herzinfarkt als andere.

Nehmen wir nun an, in der Regel würden von hundert Menschen fünf durch einen Herzinfarkt zu Tode kommen. Nehmen wir weiter an, dieser Prozentsatz hätte sich bei Pluto/Löwe-Geborenen verdoppelt auf zehn von hundert. Trotz der Verdoppelung würden also 90 Prozent aller Betroffenen nicht an Herzinfarkt sterben, d. h., die genannte Aussage ist – auf den Einzelnen angewandt – irreführend und falsch: Trotz richtiger Kombination wurden hier einfach die Kriterien der Raum- und Zeitspezifität außer Acht gelassen.

Um es deshalb noch einmal ganz deutlich zu sagen: Die eklatante Überlegenheit der Häuserspitzen in Raum- und Zeitspezifität macht ihre Bevorzugung gegenüber den Tierkreispositionen der Planeten zwingend.

Dies ist natürlich für viele ungewohnt und macht oft ein Umdenken erforderlich, wird doch in der Praxis der »Merkur im Widder« sehr viel mehr gewürdigt als der »Merkur im ersten Haus«. Dies ändert aber nichts an der Tatsache, dass alle Menschen, die in einem bestimmten Monat auf dieser Erde geboren wurden, den Merkur im gleichen Tierkreiszeichen haben. Wenn Sie diese Position sinnvoll deuten wollen, müssen Sie deshalb Beschreibungen finden, die eben für die Millionen von Personen zutreffen, die in diesem Zeitraum zur Welt kamen! Hier sind also nur sehr allgemeine Aussagen möglich. Eine Hausposition besteht jedoch nur zirka zwei Stunden und ist vom Geburtsort abhängig, sagt also viel mehr über den Geborenen aus.

Wie gesagt, dieser Umstand ist von den wenigsten Astrologen erkannt und gewürdigt worden. Ein Fehler wird jedoch nicht dadurch richtiger, dass ihn viele begehen.

Lilith und ihre zeitlichen Auslösungen

Wie alle anderen Faktoren im Horoskop auch wird Lilith durch die zeitliche Entfaltung des Horoskops ausgelöst und löst auch selbst in ihrem Lauf Radixpositionen aus. Wichtige Auslösungen der Lilith sind:

1. Auslösungen über die Nabodbögen (direkt und convers dirigiert)
2. Auslösungen durch Sekundärdirektion

3. Auslösungen durch Transitplaneten
4. Auslösungen im Tageshoroskop
5. Auslösungen im Solar
6. Lilith im Transit über Radixpositionen
7. Lilith und ihre Transitaspekte zu Mond
8. Der Mond und seine Transitaspekte zu Lilith (dauern nur kurz!)

Lilith deuten im Horoskop

Die dunkle Geschichte im Lebensablauf

Die Wunde ist der Ort,
an dem das Licht in dich eintritt.

Rumi

Lilith zeigt einen besonders prägenden, schmerzvollen Punkt in unserer Lebensgeschichte, der unsere Handlungen und Entscheidungen wesentlich beeinflusst. Viele Menschen wissen, welche Erfahrungen sie mit Lilith gemacht haben, aber das Ausmaß, in dem Lilith sich in ihrem Gefühlsleben auswirkt und wie stark sie ihr Leben beeinflusst, ist nur wenigen klar. Selbstschutz veranlasst die meisten Menschen, die mit den Lilith-Erfahrungen verbundenen Gefühle und Empfindungen tief im Unbewussten zu verstecken, sie mit einem Nebel zu umgeben oder ihre Intensität durch rationale Erklärungen abzuschwächen, sodass sie kontrollierbar sind. Arbeitswut, Drogen und Süchte können das Ergebnis verdrängter Lilith-Erfahrungen sein. Doch das Leben lässt sich nicht ausschließen. Wir werden immer wieder mit Lilith konfrontiert. Unser Lilith-Thema begleitet uns ständig, aber in bestimmten Lebensphasen geschehen Dinge, die Lilith aktivieren. Oft sind es »Angebote«, die das Leben uns macht. Solange wir in dem Bewusstseinszustand gefangen sind, der Lilith unverstanden und unter Verschluss hält, sind diese Angebote wie Angelhaken für den Fisch. »Nicht anbeißen!« rät uns dann ein inneres Wissen, aber genau das geschieht. Wir tun das Gleiche, gehen in die gleichen alten Gefühls- und Gedankenmuster, fühlen uns verlassen und verloren, bedroht, verachtet, ungeliebt, vernachlässigt ... Setzen Sie Ihre »Lieblingsgefühle« ein, das, worum sich Ihre Gedanken immer wieder drehen. Wenn Sie diese Gedanken und Gefühle durch Ihr Leben zurückverfolgen, werden Sie feststellen, dass sie sich wie ein roter Faden durch ihr Leben ziehen und dass sie um eine Geschichte kreisen. Erinnerungen melden sich, der Körper reagiert mit – altbekannten – Empfindungen und Symptomen. In Ihrem Bewusstsein geht der Ursprung dieser Geschichte weit zurück.

Lilith – wie Ringe im Wasser des Bewusstseins

Die schönsten Menschen, die ich kennen gelernt habe,
sind die, die Niederlagen einstecken mussten,
die Leid, Schicksalsschläge und Verlust erfahren haben,
und die es dennoch schafften,
immer wieder ihren Weg aus der Tiefe heraus zu finden.

Elisabeth Kübler-Ross

Stellen Sie sich vor wie ein Stein ins Wasser fällt. Von der Stelle aus, wo er ins Wasser gefallen ist, breiten sich Ringe aus, die nach außen größer und größer werden, bis sie schließlich verebben. Prägende Erlebnisse sind »Steine der Erfahrung«, die in das Wasser Ihres Lebens gefallen sind. Jedes dieser Schlüsselerlebnisse bringt solche immer größer werdenden Kreise hervor, die sich durch Ihr Leben ziehen. Den Ausgangspunkt haben Sie mit großer Wahrscheinlichkeit verdrängt oder vergessen, und vielleicht ist Ihnen auch nicht bewusst, dass es Kreise – sich wiederholende Muster – in Ihrem Leben gibt, welche die Ursprungserfahrung wiederholen. Kaum jemand hat gelernt, auf diese Weise in sich hineinzusehen. Wenn Sie es tun, tauchen Sie auf eine Weise in Ihr Wirklichkeitserleben ein, die Sie verstehen lässt, was »Ihre Welt im Innersten zusammenhält«. Diesen Blick können Sie auch für andere Menschen entwickeln – und sich so auf einer viel tieferen, intimeren Ebene mit ihnen verbinden.

In Beziehungen machen sich die Lilith-Erfahrungen beider Partner deutlich bemerkbar. Sie passen zusammen wie »Schlüssel und Schloss«. Jeder löst auf irgendeine Weise auch das Lilith-Thema beim anderen aus und trägt ohne es zu wissen dazu bei, es bewusst zu machen.

Lilith ist ein verdunkeltes Licht, das entdeckt und wie ein Schatz gehoben werden will. Wie alle schmerzvollen Erfahrungen muss auch die Lilith-Geschichte die drei Ebenen von Kopf, Herz und Bauch durchlaufen, um sich voll zu erschließen.

Lilith – die Sehnsucht, eine glückliche Wendung erzielen

In dem Schmerz der Lilith liegt eine besonders große Sehnsucht danach, in dem Bereich, den sie im Horoskop anspricht, eine glückliche Wendung zu erzielen. Über viele Lilith-Auslösungen hinweg – von Transiten über Nabodbögen bis hin zu Solaren – gehen wir durch ihre Tiefen und erleben das gegenwärtige Leben durch ihre Brille. Irgendwann öffnet sich das Tor der Lilith und wir können in den eigentlichen Sinn des Ganzen eintreten. Oft erinnern sich Menschen in dieser Zeit an Erlebnisse, die zwar auch den Lilith-Schmerz in sich trugen, bei denen sie jedoch auch die eigentliche wahre Sehnsucht wiedererleben, die mit ihr verbunden ist. So kann es sein, dass ein stark in gesellschaftliche Strukturen eingebundener Mensch sich an eine Beziehung erinnert, bei der er Freiheit, Anderssein, eine andere Welt erlebt hat. Diese Erinnerung bedeutet nicht zwingend, dass es ein Fehler war, diese Beziehung aufzugeben, sondern dass das damit verbundene Gefühl eine zu erlösende Sehnsucht ist. Heute muss diese Sehnsucht mit neuen Mitteln verwirklicht werden, vielleicht ein freieres Leben mit neuen Aufgaben oder eine andere Beziehung, in der die Lebensumstände eine neue Qualität haben.

Der Schmerz der Lilith

Nicht die Erlebnisse diktieren unsere Handlungsweisen, sondern die Schlussfolgerungen, die wir aus diesen Erlebnissen ziehen.

Alfred Adler

Die Gefühle, Gedanken und Erinnerungen, die den Schmerz der Lilith ausmachen, formen zusammen eine Geschichte, die bewusst oder unbewusst immer wieder erzählt wird. Wenn man so will, ist es nur eine Geschichte, aber für den Menschen, in dessen Leben sie wirkt, ist sie massive Realität. Es lässt sich nicht trennen, was tatsächlich passiert ist und was ein Mensch aus diesen Ereignissen gemacht hat. Jeder deutet Ereignisse anders und zieht andere Rückschlüsse darüber, was sie für ihn bedeuten. Geschichte und persönliche Deutung formen ein Ganzes, das auch als Ganzes angeschaut werden muss. Die Frage »Ist es wirklich so gewesen?« ist zweitrangig. Was zählt, ist: Was hat es für mich bedeutet? Die dunkle Lilith erzeugt einen speziellen Bewusstseinszustand, den man als Problemtrance bezeichnen kann. Wenn Lilith sich befreit, entsteht eine Lösungstrance – ein Zustand, in dem sich das Problem löst und in die Lösung gesehen und empfunden wird. Der Begriff der Trance beschreibt den jeweiligen Zustand perfekt, denn in beiden Fällen ist der Verstand mit all seinen Gedanken nur ein Teilaspekt. Stärker im Vordergrund stehen Gefühle und Körperempfindungen, die »somatischen Marker«, über die Sie weiter unten in diesem Buch mehr erfahren.

IC, Mond und Lilith sind immer mit Fühlen verbunden. Sie sind die Horoskopfaktoren, die Gefühle anzeigen, und Gefühle sind eine subjektive Weise, etwas zu erleben. Auch wenn wir sagen, »Ich fühle mich gut oder schlecht mit meinem Mars im 7. Haus« – gefühlt wird immer am IC. Mars im 7. Haus ist ein Auslöser für Gefühle, die letztlich im 4. Haus stattfinden und die je nach Ereignis auch den Mond und Lilith oder das MC zum Mitschwingen bringen. Um Lilith zu befreien, ist es sinnvoll, ihrer Geschichte auf den Grund zu gehen und sie als das zu erleben, was sie ist: unsere subjektive Konsequenz aus dem, was geschah. Über die Wiederholungen ähnlicher Erfahrungen in unserem Leben können wir entdecken, dass es einen Auslöser gab, dass wir aber auch selbst vergleichbare Erfahrungen angezogen haben, denn Schmerz ist ein starker Magnet. All diese Wiederholungen dienen dem Zweck, Lilith zu befreien und die Fähigkeiten, die in ihr liegen, zu wecken.

Etwas von dem Schmerz der Lilith wird uns das ganze Leben begleiten. Sie bleibt ein Weckruf, nicht wieder in alte Muster zu verfallen.

In den Gefühlen, welche die Lilith-Geschichte begleiten, finden wir die Elemente der Mythologie wieder: größter Schmerz und Wut, Verzweiflung, Kränkung, Empörung und Rebellion bis hin zum Hass, große Angst, traumatische Erfahrungen oder ein gut gehütetes Geheimnis, das keiner wissen darf, weil wir glauben, uns zutiefst dafür schämen zu müssen. Die dämonische Lilith findet sich in der Magie wieder, welche die dunkle Geschichte auf uns ausübt. Lilith fesselt, schlägt den Menschen in ihren Bann, ohne dass er sich ihrer Macht bewusst ist. Sie versetzt uns in den Zaubergarten der bösen Hexe, aus dem wir erst entfliehen können, wenn wir aufwachen und sehen, wo wir uns wirklich befinden. In der Zeit des Übergangs wird das Lilith-Muster bewusst und kann sich dann schließlich auflösen und zum Guten wandeln.

Wenn wir mit einem Menschen über Lilith in seinem Horoskop sprechen, ist ein aufrichtiges Vertrauensverhältnis nötig, denn Lilith ist eine tiefe Wunde, die oft durch rationale Kontrolle unter Verschluss gehalten oder mit einem Nebel des Vergessens umschlossen wird.

Die Lilith-Wahrnehmung

Dank Lilith können wir uns rückerinnern an Erlebnisse, die uns stark geprägt und belastet haben, oft auch traumatisiert. Sie sind bedrohlich, dunkel und lassen uns wieder werden wie ein ängstliches Kind, weshalb wir ihnen aus dem Weg gehen und sie lieber in den Tiefen des Vergessens verbergen. So erzählt Lilith oft von den Geheimnissen, die wir am besten hüten, so sehr, dass wir sie sogar vor uns selbst verstecken.

Mithilfe der Lilith finden wir große Sehnsüchte und Wünsche, deren Erfüllung uns bedrohlich erscheint oder die mit Schuld beladen sind, Erlebnisse, die uns große Angst, Widerwillen oder Gefühle der Hilflosigkeit eingeflößt haben. Lilith zeigt, wo wir uns auflehnen wollten und es nicht konnten, oder, wenn wir es taten, welche schier unerträglichen Konsequenzen auf uns zukamen. Mit der Deutung der Lilith ist es möglich, das am besten gehütetste Geheimnis eines Menschen zu entdecken, das oft so versteckt ist, dass der Mensch selbst sich »nicht erinnert«, bis eines Tages das Lilith-Thema sich so stark meldet, dass es angeschaut werden muss. Das ist meist nicht ein einziges Ereignis, sondern Ähnliches geschieht immer wieder im Laufe eines Lebens, bis dieser Mensch dem Lilith-Thema und den Erinnerungen und Schmerzen wirklich in die Augen schauen kann.

Auch für die Deutung der Lilith können wir sagen:

»Meine Wahrnehmung ist gerichtet auf ...«
Aber genauer muss es heißen
»Meine Lilith-Wahrnehmung ist gerichtet auf ...«

Denn die Lilith-Wahrnehmung beinhaltet das, was uns Angst einflößte, uns schwer verletzte, schockierte oder traumatisierte. Auch Rachegefühle oder zumindest ein »so-nie-wieder« sind möglich. Das gilt auch dann, wenn das, was geschehen ist und worum es geht, für einen Betrachter eher harmlos erscheint. Es geht nicht um eine »objektive« Bewertung, sondern um das, was der Mensch erlebt und gefühlt hat, welche Gedanken und körperliche Reaktionen damit verbunden sind und welche Geschichte er sich selbst erzählt, sobald Lilith angesprochen wird. Wie beim 4. Haus und dem Mond fühlen wir eine Sehnsucht danach, die Lilith-Themen zu leben, aber sie sind immer »dunkel« besetzt. Und wie beim 4. Haus und dem Mond liegen in der Lilith Talente und Fähigkeiten, die wir nur heben können, wen wir das Tor der Angst, der Abwehr, der Wut und oft auch der nagenden Selbstkritik durchschreiten und einen neuen Blick gewinnen.

Trauma. Die deutschsprachige Gesellschaft für Psychotraumatologie (DeGPT) definiert »Trauma« folgendermaßen:

Der Begriff Trauma (griech.: Wunde) lässt sich bildhaft als eine »seelische Verletzung« verstehen, zu der es bei einer Überforderung der psychischen Schutzmechanismen durch ein traumatisierendes Erlebnis kommen kann. Als traumatisierend werden im Allgemeinen Ereignisse wie schwere Unfälle, Erkrankungen und Naturkatastrophen, aber auch Erfahrungen erheblicher psychischer, körperlicher und sexueller Gewalt sowie schwere Verlust- und Vernachlässigungserfahrungen bezeichnet.[6]

Lilith beinhaltet solche traumatischen Erlebnisse, aber nicht immer braucht es traumatisierende Ereignisse im Sinne der psychotherapeutischen Definition, um eine »dunkle Geschichte« zu erzeugen. Was immer wir im Bereich der Lilith erlebt haben, es steuert unser Leben aus dem Unbewussten heraus wie ein Drehbuch, meist über viele Jahre unseres Lebens. Lilith-Erfahrungen können als traumatisierend bezeichnet werden, weil wir sie zum Zeitpunkt ihres Erlebens nicht bewältigen und nicht fassen können. Sie hinterlassen tiefe Kerben in unserer Seele und somatische Marker in unserem Körper – Körperreaktionen, die mit bestimmten Gefühlen verbunden sind, die sich damals gebildet haben. Die Ursprünge liegen weit zurück und können bis in den Mutterleib zurückgehen. In dieser Zeit erlebt das Ungeborene die Außenwelt durch die Gefühle und Gedanken der Mutter, die sich ihm als Körperchemie und Atmosphäre mitteilen. Spätere Ereignisse festigen

6 DeGPT: Trauma: https://www.degpt.de/informationen/fuer-betroffene/trauma-und-traumafolgen/

die dunkle Geschichte und statten sie mit weiteren Details aus. Der Stein kam ins Rollen, als wir noch klein waren, in einem Alter, indem wir noch besonders offen, prägbar, verletzlich und bedürftig waren.

Somatische Marker

Der Neurobiologe Gerald Hüther verwendet ein eingängiges Beispiel, um die Macht der Gefühle und ihre Wirkung im Körper zu demonstrieren: »Wenn Sie an einem Elternabend die Schule betreten, und der Geruch von Bohnerwachs steigt Ihnen in die Nase, und Ihre Knie werden weich, dann erinnern Sie sich an etwas ganz Altes: daran, dass Sie Angst vor der Schule hatten. Das ist ein ›somatischer Marker‹, den Sie entwickelt haben.«

Wir alle kennen das: Ein Duft, eine Geste, ein Wort oder Satz ... und plötzlich geschieht etwas. Der Körper reagiert: mit weichen Knien, freudigem oder ängstlichem Herzklopfen, dem Wunsch, etwas zu sagen, was dann vielleicht im Hals stecken bleibt, mit dem dringenden Bedürfnis, sich zu bewegen, oder dem Empfinden, wie gelähmt zu sein. Irgendwann hat sich etwas eingeprägt, hinein in den Körper. Wird es reaktiviert, fühlen und reagieren wir so, als würde es heute geschehen. Ein ›somatischer Marker‹ ist nichts anderes als eine im Körper verankerte Erfahrung, die durch vergleichbare Schlüsselreize wieder ausgelöst wird. Das Wort »Soma« steht für Körper. Alle wirklich prägenden Erfahrungen, im Guten wie im Schlechten, sind mit Körpergefühlen verbunden. Körpergefühle lösen Gedanken aus, Gedanken lösen Körpergefühle aus. Jedes Gefühl hat eine körperliche Entsprechung, die wir wahrnehmen und nutzen können, um mit wichtigen Ereignissen in unserem Leben in Verbindung zu treten und ihre Botschaft zu verstehen. Erinnerungen an Lilith-Erfahrungen können uns in ein Chaos unterschiedlichster Gefühle stürzen – große Erregung, Hilflosigkeit, Lähmungsgefühle, Angst und Empörung, Scham und Wut. So ist es verständlich, dass viele Menschen versuchen, Lilith auszuklammern und sich nicht so einfach öffnen, wenn das Thema angesprochen wird. In jeder Beratung, in der die wirklich tiefen Themen des Horoskops – die IC/MC-Achse, Mond und Lilith – angesprochen werden, braucht es besonders viel Fingerspitzengefühl. Die Beraterin oder der Berater muss bereit sein, sich mit dem Klienten auf eine Entdeckungsreise in seine verborgensten Seelenbereiche zu begeben. Das Lilith-Thema ist vielleicht schnell erzählt, aber für den Menschen, um den es geht, öffnet sich zunächst die Büchse der Pandora. Lilith im Horoskop ist ein Geschenk, mit dessen Hilfe wir wissen, worauf wir uns konzentrieren und was wir ansprechen müssen, um die dunkle Geschichte so zu erleben und zu verstehen, dass wir sie bei uns und anderen in etwas Helles verwandeln können. Wandelt sich die Problemtrance, in die uns Lilith versetzt, in eine Lösungstrance, werden all die somatischen Marker im Körper geweckt, die mit freudigen, erleichterten Gefühlen verbunden sind oder mit Empfindungen, die mit großem, befreiendem Erstaunen einher gehen.

Das Lilith-Drehbuch

Jeder Mensch ist eine einzigartige Erzählung,
die fortwährend und unbewusst durch ihn und in ihm entsteht.

Oliver Sacks

Das »Lebensdrehbuch« ist ein in der Psychologie beliebter Begriff aus der Transaktionsanalyse. Der ausgesprochen treffende Begriff erklärt plastisch, dass es in jedem Leben einen Handlungsablauf, Regieanweisungen und Mitspieler gibt. Ähnlich einem Theaterstück sind nicht immer alle Akteure auf der Bühne. Sie warten hinter dem Vorhang auf ihren Auftritt, der aus astrologischer Sicht durch Auslösungen bestimmt wird. Manche treten ab, neue kommen hinzu. Das sich in der Zeit entfaltende Horoskop erzählt die Geschichte der Veränderungen in astrologischen Symbolen. Im Bewusstsein des Menschen übernehmen neue Figuren, neue Umstände und Orte die altbekannten Rollen, »gekleidet« in neue Gewänder, sodass wir sie nicht sofort erkennen. Irgendwann stellen die meisten Menschen fest, dass sie sich in einem vertrauten Szenario wiederfinden. Natürlich sind keine zwei Menschen gleich und keine Situation ist wirklich wie eine vorhergehende, aber im persönlichen Erleben spinnt sich ein roter Faden, bei dem Neues durch die Brille des Alten gesehen und eingeordnet wird. Die Menschen und Umstände, die als neue Akteure in unserem »Theaterstück« auftreten, haben Eigenschaften, an denen wir unsere Geschichte festmachen können, wie man einen Mantel an einen Haken hängt.

Das Spannende am Lebensdrehbuch der Psychologie ist, dass wir es umschreiben können. Das gelingt allerdings meist erst nach wirklicher Bewusstseinsarbeit. Wir müssen das sprichwörtliche Licht ins Dunkel bringen. Wenn wir uns dann nicht mehr mit einer oberflächlichen Sichtweise begnügen, sondern die tatsächlichen Zusammenhänge erkennen, verändert sich der Blick auf das eigene Leben grundlegend. Wir erkennen, welche »Regieanweisungen« wir selbst geschrieben haben und welcher rote Faden uns dorthin gebracht hat, wo wir heute stehen.

In einer Beratung erklären viele Menschen, dass sie schon wussten, was sie geprägt und geformt hat, und dies ist sicher eine gute Voraussetzung für mehr. Denn Wissen ist nicht gleich Wissen. Wir wissen viel auf der Kopf- und Herzebene, das befreiende »Aha-Erlebnis« tritt jedoch erst ein, wenn dieses Wissen bis hinunter in den Bauch gelangt ist. Ein solches Erlebnis genügt meist nicht, denn Vermeidungsstrategien und Problemtrance haben eine erstaunliche Kraft, sich wieder einzunisten. Lernen mit dem Kopf geht schnell. Dann kann man über alles reden und erzählen, aber nichts ändert sich.

Die IC/MC-Achse beschreibt die Basis – oder um beim Vergleich zu bleiben – den »Stoff« unseres Lebensdrehbuchs. Sie zeigt, wer wir im Grunde unseres Herzens sind, was wir erreichen wollen und wie wir es erreichen können. Sie zeigt auch, welche Ziele vor unseren Augen baumeln wie der Köder vor dem Fisch und uns hypnotisch anziehen, weil sie Erfüllung, Glück und Lösungen zu versprechen scheinen.

Zwei eindrückliche Beispiele, zu denen ich hier nur das IC erwähne, sind Madonna und Michael Jackson. In beiden Horoskopen fällt die IC/MC-Achse in Schütze/Zwillinge. Bei Madonna zeigt das IC den immensen Wunsch, sich immer wieder in neuen Rollen zu erfinden und darzustellen (Jupiter als Herrscher des 4. Hauses im 3. Haus in Konjunktion zu Neptun, Orbis 5°54‘). Bei Michael Jackson zeigt dieselbe IC/MC-Achse am IC den lebenslangen Wunsch, sich körperlich immer weiter zu verändern (Jupiter als Herrscher des 4. Hauses im 2. Haus in Konjunktion zu Neptun, Orbis 4°06‘). Michael Jacksons Leben hat gezeigt, dass es weitaus leichter ist, die Veränderung in der Selbstdarstellung des 3. Hauses zu suchen, als in Gesichtsoperationen. Beide suchen am MC die große Öffentlichkeit, um ihren tiefsten Wunsch zu erfüllen. Hinter diesem Wunsch steht aber noch etwas anderes als das Verlangen nach Publikumserfolg: nämlich eher der Wunsch nach Erlösung von körperlicher Gebundenheit und Vorstellungen über Aussehen (Michael Jackson, Merkur als Herrscher des 10. Hauses im 12. Haus, Lilith im 8. Haus) und Freiheit von dem Zwang, in eine Rolle schlüpfen zu müssen, um im Leben zu bestehen (Madonna, Merkur als Herrscher des 10. Hauses am Aszendenten, Lilith im 8. Haus). Sich neu erfinden als Freude und mit Leichtigkeit, nicht als Antreiber, um Vorstellungen zu genügen (Lilith im 8. Haus).

Was unterscheidet das Lilith-Drehbuch vom großen Drehbuch des Lebens?

Erinnern wir uns: Das Lilith-Drehbuch beschreibt Inhalte, die in Verbindung mit dem Mond zu deuten sind. Es ist also nicht so allumfassend wie das Drehbuch, das wir an der IC/MC-Achse erkennen können, sondern zunächst begrenzt auf Liliths Beziehung zum Mond. Das Lilith-Drehbuch erzählt eine eigene Geschichte innerhalb der großen

Geschichte, die an der IC/MC-Achse erkennbar ist. Es ist ein eigener Handlungsstrang, der in die große Bühnenhandlung von IC und MC hineingewoben ist. Da es sich aber um besonders belastende Erfahrungen handelt, stellt das Lilith-Drehbuch etwas sehr Mächtiges, Lebensbestimmendes dar, das angeschaut und befreit werden will.

Um das Lilith-Drehbuch eines Menschen kennenzulernen, ist es in der praktischen Deutung hilfreich, sich zunächst so mit der dunklen Geschichte eines Menschen zu befassen, als gäbe es nur diese im Horoskop. Wir deuten sie so konkret wie möglich nach dem Mond/Lilith-Deutungsweg. Das ist relativ einfach, wenn man die Biografie eines Menschen kennt, wie auch die Horoskope in diesem Buch zeigen. Mit ein wenig Übung im Deuten lassen sich Biografie und die Stellungen von Mond und Lilith leicht zusammenbringen.

Dann erweitern wir die Deutung anhand der IC/MC-Achse. Fragen wie:

- Wie wirkt sich die dunkle Geschichte aus, wenn dieser Mensch aus tiefster Seele »X« ersehnt (IC), und mithilfe von »Y« versucht, diese Sehnsucht zu verwirklichen (MC)?
- Was ist diesem Menschen außer seiner größten und tiefsten Sehnsucht (IC) noch wichtig (Mond) und welche belastenden Erfahrungen hat er damit gemacht (Lilith)?
- Welchen Einfluss nimmt die dunkle Geschichte von Mond und Lilith auf den großen Lebensablauf, auf Ziele und Entscheidungen (IC/MC-Achse)?

Es gibt viele Möglichkeiten, mit der Verbindung aus IC/MC-Achse, Mond und Lilith zu arbeiten und sich und andere zu verstehen. Experimentieren Sie. Starten Sie die Deutung einmal mit Lilith, ein anderes Mal mit dem Mond, ein weiteres Mal mit der IC/MC-Achse. Üben Sie diese unterschiedlichen Vorgehensweisen an ein und demselben Horoskop. Und denken Sie daran, dass nicht jeder Mensch in eine Beratung kommt und gleich mit seinen größten Wunden konfrontiert werden möchte.

Die große Chance der Astrologie

Die große Chance der Astrologie liegt darin, dass sie zwar Lebensgeschichten erzählt, die sich innerhalb von Rahmenbedingungen und Umständen entwickeln, die ein Mensch in seinem Leben antreffen wird. Das tut sie jedoch in Form von Symbolen, die per Definition etwas »Zusammengefügtes« sind. Es sind Zeichen, die einen Raum an Möglichkeiten umfassen, wie sich jedes Symbol auswirken kann. Die Uneindeutigkeit von Symbolen ist gleichzeitig ihre Chance: Wir können innerhalb des Symbols die Ebenen wechseln oder, anders ausgedrückt, eine andere Variante dessen leben, was das Symbol beschreibt. Das ist Entwicklung. Statt uns von A nach B zu bewegen und B als Entwicklungsziel und Ende von allem zu betrachten, bewegen wir uns innerhalb der Symbolraums und können so unser Potenzial immer mehr verwirklichen. Dank des Symbolraums kann die bisherige Geschichte, die ein Mensch an seiner IC/MC-Achse aufrollte, umgeschrieben werden. Das Gleiche gilt für den Mond und Lilith und natürlich auch für alle anderen Faktoren im Horoskop. Der Rahmen, den das Horoskop für eine Neugestaltung zur Verfügung stellt, ist sehr groß, aber nicht beliebig groß. Wie der Grundriss eines Hauses festlegt, welche Häuser darauf realisiert werden können, so legt das Horoskop den Lebensgrundriss fest: »Geprägte Form, die lebend sich entwickelt.« (Johann Wolfgang von Goethe)

Die dunkle Geschichte befreien

Heilung kann nur aus der Begegnung
mit der Wahrheit erfolgen.

Nico

Was wir mit Lilith erlebt haben bringt uns dazu, bestimmte Dinge unter allen Umständen vermeiden zu wollen und andere unbedingt tun zu müssen. Dieser Antrieb ist deshalb so machtvoll, weil er aus dem Unbewussten heraus gelenkt wird. Das gilt in der Regel gilt auch dann, wenn ein Mensch sich an Lilith-Ereignisse erinnert. Es ist wie beim Rauchen: Raucher wissen, dass Rauchen ihnen schadet, aber sie können es nicht einfach abstellen. Die Lilith-Gefühle lenken das Lebensschiff immer wieder dorthin, wo Lilith erlebt wird. Anders als beim Rauchen ist Lilith nicht einfach nur eine Sucht, sondern ein Schatz, der sich oft über lange Zeit immer wieder wie die Büchse der Pandora anfühlt, um dann in eine Klarheit überzugehen: »Ach, darum geht es mir hier!« Menschen wie Hannah Arendt haben gezeigt, dass ihr Lilith-Thema ein wichtiger Teil dessen wurde, was sie als ihre Berufung empfanden.

Die meisten Menschen durchleben ihre Lilith-Themen immer wieder, im Kleinen an bestimmten Tagen, im Großen durch Jahresauslösungen. Erst wenn sie ihre Lilith-Geschichte annehmen als etwas, das zu ihnen gehört, statt sie abzulehnen oder kontrollieren zu wollen, öffnet sich die Tür. Ein wichtiger Aspekt ist das Verzeihen. Das ist nur möglich, wenn die verletzenden Geschehnisse angenommen werden. Nicht nur anderen, die uns verletzt haben, müssen wir vergeben, auch uns selbst. Kinder, die früh verletzt wurden, entwickeln oft eine negative Einstellung zu sich selbst bis hin zum Selbsthass. Aus der Bereitschaft, sich selbst zu vergeben, was nicht gelang, wächst die Liebe zu sich selbst. Dann kann sich das Licht zeigen, das in den Erfahrungen der Lilith liegt.

Wie Yin und Yang

Lilith trägt neben dem dunklen Aspekt auch immer ihr helles Potenzial in sich. Stellen Sie sich die dunkle Seite des Yin-und-Yang-Symbols vor. Im dunklen Yin gibt es einen hellen Punkt, der den Umschlag zum Licht symbolisiert. Diese helle Seite der Lilith haben wir meist schon erlebt, bevor sie ihr wahres Potenzial zeigt. Gehen Sie anhand von Nabodbögen oder Transiten in der Zeit zurück. Sie werden feststellen, dass

Abbildung 5: Yin und Yang.

Lilith-Auslösungen nicht nur Schmerz, Empörung oder Kränkung mit sich brachten, sondern oft auch etwas Wegweisendes, dessen Bedeutung Sie erst im Nachhinein verstehen.

So war es in Lebensphasen, in denen wir etwas erlebten, das eine Sehnsucht in uns geweckt hat. Sie war verborgen hinter Schmerz, Angst, Resignation oder Wut. Auch dann haben wir den Schmerz der Lilith gefühlt, wie die Frau, die während einer Lilith-Auslösung (Lilith im 11. Haus) durch eine Beziehung ihre Sehnsucht nach Freiheit, nach einem eigenen, weniger von gesellschaftlichen Maßstäben geprägten Leben erfuhr. Andere Motivationen in ihrem Horoskop ließen es nicht zu, diese Beziehung auf Dauer zu leben, aber Jahre später erkannte sie, dass in diesem Erlebnis eine wichtige Botschaft für ihre weitere Lebensausrichtung lag.

In dem Weisheits- und Orakelbuch I Ging lautet die 4. Wandlungslinie des Hexagramms 26, »Des Großen Zähmungskraft«:

Das Schutzbrett eines jungen Stieres.
Großes Heil!

Im alten China brachte man an der Stirn junger Stiere ein Schutzbrett an, damit sie niemanden verletzen konnten, wenn ihre Hörner zu wachsen begannen. Irgendwann fiel das Brett ab, doch dann hatten die Stiere gelernt, mit ihrer jugendlichen Wildheit umzugehen. Lilith ist eine Kraft im Horoskop, in der große Energie gespeichert ist. Diese Energie strebt danach, freigesetzt zu werden und in das zu fließen, was die Lilith eines jeden Menschen im Grunde ersehnt. Die dunkle Geschichte wirkt sich aus wie das Schutzbrett vor den Hörnern eines jungen Stiers – und kann abfallen, wenn es an der Zeit ist.

Menschen, die reif dafür sind, sich ihrer dunklen Geschichte zu stellen und ihr Potenzial zu heben, berichten, dass während einer Lilith-Auslösung zuerst der ganze Schmerz fühlbar war. Dann war es, als würde sich die dunkle Wolkendecke öffnen, und die Sonne kam hervor. Es waren Gefühle großer Erleichterung, eine Last fiel ab, es wurde hell. Eine überraschende, tiefe Einsicht in etwas, das sie schon kannten, setzte ein: »Ach, so ist das!«

IC/MC-Achse, Mond und Lilith: Was uns motiviert und antreibt

Die dunkle Geschichte der Lilith scheint auf den ersten Blick nur sie selbst und den Mond zu betreffen. Doch das 4. Haus und damit die gesamte IC/MC-Achse, der Mond und Lilith gehören untrennbar zusammen.

Das lässt sich leicht verstehen, wenn wir auf die Urformel des Horoskops zurückgehen: das Urhoroskop. Dort ist das 4. Haus immer ein Krebshaus. Im individuellen Horoskop fällt die Spitze des 4. Hauses meist in ein anderes Tierkreiszeichen als Krebs, wodurch das 4. Haus eine andere Färbung erhält. Es bleibt jedoch das 4. Haus, ein Haus, dem die Eigenschaften des Krebszeichen zugrunde liegen. Eine Hauswand bleibt ja auch dieselbe Wand, egal mit welcher Farbe man sie anstreicht. Der Mond als Urherrscher des Krebszeichens besitzt damit eine unauflösliche Verbindung zum 4. Haus. Da Lilith wiederum untrennbar zum Mond gehört, ist auch sie Teil der großen Achse von IC und MC, um die unsere Leben rotiert.

- Das 4. Haus ist unsere seelische Lebensquelle, aus der unser Fühlen, Wollen und Handeln fließen.

- Der Herrscher des 4. Hauses setzt eine Zielrichtung für dieses Fühlen und Wollen, indem er in einem der zwölf Häuser steht und sich dort auswirkt.
- Aspekte zum Herrscher des 4. Hauses bringen weitere Lebensbereiche in unser Fühlen und Wollen ein.
- Stehen Planeten im 4. Haus, bringen sie ebenfalls weitere Lebensbereiche in unser Fühlen und Wollen ein.
- Der Mond setzt einen Schwerpunkt, auf den sich unsere Wahrnehmung konzentriert. Dieser Schwerpunkt berührt unsere Gefühle und prägt unsere Lebens- und Selbstwahrnehmung.
- Da Lilith untrennbar mit dem Mond und dem 4. Haus verbunden ist, nimmt ihre dunkle Geschichte prägenden Einfluss auf unseren Lebensweg.
- Mond und Lilith verändern die an der IC/MC-Achse angezeigte Lebensgrundausrichtung nicht. Sie fügen lebensprägende Themen hinzu. Ihre Stellung im Horoskop zeigt, welche zusätzlichen emotionalen Schwerpunkte unsere Eigenwahrnehmung und unsere Weltsicht prägen.

Wie ein Scheinwerfer in einer Landschaft: Stellen Sie sich vor, die IC/MC-Achse sei eine Landschaft, in der ein Bereich wie von einem Scheinwerfer angestrahlt wird. Dieser Scheinwerfer ist der Mond. Sein Lichtkegel leuchtet einen Teil der Landschaft aus. Die dunklen Bereiche in dem Lichtkegel entsprechen der Lilith.

Die Achse eines Kreisels

Die IC/MC-Achse ist wie die Achse eines Kreisels. Um diese Achse rotiert der gesamte Körper des Kreisels, so wie die Erde um ihre Achse rotiert. Diese Zentralachse bestimmt, wie und wohin sich der Körper bewegt. Im Horoskop bestimmt die IC/MC-Achse, wie sich das gesamte Horoskop entfalten kann. Das bedeutet, dass sich alle anderen Deutungsfaktoren wie Planeten und Häuser nur so entfalten können, wie es unsere Entwicklung an der IC/MC-Achse und vor allem am IC als Ausgangspunkt von allem zulässt. Das IC ist die untere Spitze der Achse, die, bildlich gesprochen, auf dem Boden aufsetzt. Selbst die andere Hauptachse, die AC/DC-Achse, wird von der inneren Situation bestimmt.

Damit soll die Bedeutung der anderen Hauptachse, der AC/DC-Achse, nicht geschmälert werden. Ohne einen Körper (Aszendent), der sich mit all seinen Anlagen (Aszendent) in einer Umwelt bewegen und in Beziehung gehen kann (Deszendent), wären wir zu nichts Konkretem imstande. Doch die innere Ausrichtung (IC/MC) bestimmt darüber, was aus einem Leben wird. Der große griechische Philosoph Plotin hat diese Erkenntnis in dem wunderbaren Zitat zusammengefasst:

Der Mensch schwebt zwischen Gott und Tier.

Das Göttliche in uns schenkt uns die Möglichkeit, uns aus dem Vierfüßlergang aufzurichten und auf eine Art und Weise fühlende, entscheidende und handelnde Wesen zu werden, wie es nur dem Menschen eigen ist.

Um das Verhältnis der beiden Hauptachsen noch leichter zu verstehen, habe ich den folgenden Satz formuliert[7]:

Eine große Seele in einem gehandicapten Körper wird ein großartiges Leben erschaffen, eine kleine Seele in einem großartigen Körper jedoch nicht.

Ein Universum der Erfahrungen

In Das elegante Universum formulierte der Quantenphysiker Brian Greene: »Wir leben in einem Universum der Erfahrungen.« Nichts ist

7 In. Brigitte Hamann. Ihr Lebensziel. Die IC/MC-Achse und der Lebenssinn im Horoskop. Tübingen 2002, S. 24

als absolut objektiv gegeben anzunehmen, alles ist innere und äußere Position, alles ist Wahrnehmung und Empfindung.

Genau das drückt die astrologische Formel von IC, Mond und Lilith aus als unsere subjektive Weise, im Leben zu sein und dem Leben zu begegnen. Dabei geht es nicht darum, zu einer vermeintlichen Objektivität zu gelangen, die es nicht gibt, denn jedes Leben ist immer persönliches Erleben.

Das IC/4. Haus antwortet auf Fragen wie

- Was ist mein tiefster Wunsch?
- Wie fühle ich?
- Welche innere Haltung nehme ich aufgrund dieser Gefühle zu mir selbst ein?
- Welche innere Haltung nehme ich aufgrund dieser Gefühle zur Welt ein?
- Was will ich (IC) und wie versuche ich es zu erreichen? (MC)
- Was ist meine stärkste Motivation?
- Was ist mein wahrer Wille?
- Was sind meine wahren inneren Ziele? Worum geht es mir wirklich im Leben?
- Welchen Beitrag will ich aus tiefstem Herzen zum Leben leisten?

Das **MC und das damit verbundene 10. Haus** zeigen alle Formen an, in denen wir den Wunsch, den wir am IC verspüren, verwirklichen können – von der am wenigsten geeigneten Form bis zur optimalen Form. Unser gesamtes Leben fühlen wir den tiefsten Wunsch (die tiefsten Wünsche) am IC und probieren mithilfe des MC Formen aus, in denen wir diesen Wunsch (diese Wünsche) realisieren können. Während und nach jedem Versuch misst das IC wie ein Seismograf, wie erfolgreich wir mit diesem Versuch waren: Geht es mir besser? Habe ich erreicht, was ich wollte, und bin zufrieden? Was ist noch wichtig, was fehlt?

Naturgemäß hängt die Verwirklichungsform, die wir zu einem bestimmten Zeitpunkt aus den Möglichkeiten am MC wählen, von unserem Bewusstseinszustand ab. Diese Wahl wird nicht zuletzt auch davon bestimmt, wo wir mit der dunklen Geschichte unserer Lilith stehen.

Das MC/10. Haus antwortet auf Fragen wie

- Wie kann ich das erreichen, was ich wirklich will und wonach ich mich sehne?
- Was muss ich tun, um meine Ziele zu verwirklichen?
- Welche äußere Form (im Leben, in der Gesellschaft) muss ich wählen, um das zu sein, was ich sein will und das tun zu können, was ich tun will?
- Welchen Beitrag kann ich zum Leben und in der Gesellschaft leisten?

Den Mond deuten. Michael Roscher hat eine ausgezeichnete, praxistaugliche Formulierung für die Deutung des Mondes gefunden:

»Meine Wahrnehmung ist gerichtet auf …«

Beginnen Sie die Deutung des Mondes mit dem Satz »Meine Wahrnehmung ist gerichtet auf …« und deuten Sie dann den Mond als Häuserherrscher, mit seinen Aspekten, den Häuserkonstellationen, die er bildet, und dem Kritischen Grad, auf dem er steht. Geben Sie dem Tierkreiszeichen, in dem er steht, eine im Vergleich zu den anderen Aussagen deutlich geringere Bedeutung.

Lilith – die dunkle Seite des Mondes. Früher nannte ich Lilith die dunkle Seite des Mondes. Damit wollte ich zeigen, dass wir die Welt durch den Mond erleben, dass es in diesem Erleben aber noch einen besonderen, verborgenen Punkt gibt. Er ist so »dunkel« wie die dunkle Seite des Mondes abgewandt und nicht einfach sichtbar ist, und doch ist sie eine Seite, auf die wir nicht verzichten können, wenn wir den gesamten Mond verstehen wollen. Inzwischen nenne ich Lilith lieber die dunkle Geschichte, denn sie erzählt eine Geschichte, die unsere Lebensentscheidungen an bestimmten Stellen wie ein Drehbuch steuert. Viele Menschen wissen, worum es geht, aber das Ausmaß, in dem ihr Leben davon beeinflusst wird, ist nur wenigen klar. Bei anderen ist die Erinnerung ohnehin nur bruchstückhaft. Lilith-Erfahrungen steuern unsere Gefühle, Gedanken, Entscheidungen und Handlungen, sobald der wunde Punkt berührt wird. Für unsere Wünsche am IC – für das, worum es wirklich für uns geht – wirkt sich Lilith wie ein latentes oder auch intensives Störfeld aus. Lilith-Themen haben Macht über uns, ob wir das nun akzeptieren wollen oder nicht. Die Beispielhoroskope in diesem Buch zeigen, dass der Lilith-Schmerz nicht nur ein menschliches Drama ist, sondern dass darin eine wesentliche Sehnsucht liegt, eine lebensprägende Motivation, etwas zu sein und zu tun.

Was unterscheidet Lilith und Chiron?

Lilith und Chiron – beide schildern Schmerzen unseres Lebens, die wir nicht einfach wegdrängen können. In jedem Fall sind es seelische Schmerzen, und auch körperliche können es sein. Für eine umfassende Horoskopdeutung können wir weder auf Lilith noch auf Chiron verzichten – wir würden uns sonst um entscheidende Informationen bringen. Nicht umsonst bilden Chiron und Lilith zusammen mit dem großen Achsenkreuz und der Fluchtpunktachse die grundlegenden Deutungselemente der Entwicklungsorientierten Astrologie.

Ebenso wie Lilith ist Chiron ein »wunder Punkt«, ein Störfaktor, der sich schmerzhaft im Leben bemerkbar macht. Wie Lilith ist Chiron mit Ängsten, oft mit Scham verbunden. Sein charakteristisches Kennzeichen ist jedoch die Ohnmacht. Chiron erzählt eine Geschichte der Machtlosigkeit gegenüber bestimmten Umständen, oft auch eine Geschichte der Resignation und Verzweiflung. Mit Chiron haben wir das Empfinden »es klappt einfach nicht«. Wenn Chiron ausgelöst ist – als längere Zeitphase z. B. über den Nabodbogen oder auch nur ein paar

Minuten, wenn eine transitierende Hausspitze Chiron streift – fühlen wir ohnmächtigen Schmerz.

Um Chiron zu erlösen, müssen wir eine Mutprobe bestehen, und das oft mehr als einmal, bis es uns gelingt, einen wirklichen Durchbruch zu erzielen. Wir müssen uns den Umständen stellen, Verhaltensweisen entwickeln, vor denen wir glauben, wir seien unfähig dazu. Am ähnlichsten zu Lilith wirkt sich Chiron im 4. Haus aus, denn hier bestimmt das Gefühl von Ohnmacht die Lebensgrundlage und die innere Haltung sich selbst und dem Leben gegenüber.

Chiron antwortet auf die Fragen: »In welchen Situationen, bei welchen Erlebnissen und bei welchen Aufgaben fühle ich mich machtlos?« »Wo stoße ich immer wieder auf die gleichen Hürden und auf Umstände, die sich nicht so entwickeln, wie ich es mir wünsche und brauche?« Wagen wir uns an die Mutprobe und gehen »über glühende Kohlen«, zeigt sich, dass wir an genau der Stelle, wo wir uns ohnmächtig fühlen, große Stärke und ein beträchtliches Potenzial besitzen, das Gewünschte zu mobilisieren. Im Rückblick auf unser Leben können wir entdecken, dass sich die Fähigkeiten, die in Chiron liegen, schon immer manifestiert haben, nur vielleicht nicht in der Form und in dem Umfang, den wir uns vorgestellt hatten. Chiron als Kraft oder als Ohnmacht zu sehen, hat viel mit unseren Bewertungen zu tun, mit der »Brille auf unserer Nase«. Gerade weil das Gefühl der Ohnmacht in diesem Lebensbereich oft so präsent ist, können sich überhöhte Wunschvorstellungen entwickeln. Das geschieht schon in der Kindheit, in der das »und sie lebten glücklich immerfort« zum Maßstab wird. Wo Chiron steht, haben wir die Empfindung »Ich kann nichts tun« und »Ich schaffe es nicht«.[8] Bei Chiron geht es um die Praxis. Wir müssen etwas tun und zwar genau dort, wo er steht und wir glauben, die Hürde niemals nehmen zu können.

---

8 Chiron – kleine Ursache, große Wirkung – ist der Titel einer Artikelserie, die ich 2006 in ASTROLOGIE HEUTE veröffentlicht habe. 2009 folgte ein Artikel im Jubiläumsband »Rätsel Chiron: Was bedeutet er für die Astrologie?« (Tübingen) und 2015 ein Artikel zu Chiron in einem astronova-Newsletter.

Lilith dagegen schreibt eine Geschichte voller chaotischer, oft widersprüchlicher Gefühle. Sie ist besonders stark mit wiederkehrenden Gedankenmustern verbunden. Bei Lilith kann es in manchen Fällen um eine Mutprobe gehen, sie ist aber nicht Bedingung. Anders gesagt besteht die Mutprobe darin, sich den Lilith-Erinnerungen und den verletzten Gefühlen zu stellen. Es ist mehr ein Sehen und Fühlen, aus dem die Lösung erwächst, als ein Tun. Wo Lilith steht, fühlen wir »Es tut so weh«.

Wenn Lilith ausgelöst ist – als längere Zeitphase z. B. über den Nabodbogen oder auch nur ein paar Minuten, wenn eine transitierende Hausspitze Lilith streift – kann der Schmerz für Momente überwältigend sein. Wenn Chiron-Themen ausgelöst sind, schwingt oft auch der Schmerz der Lilith mit. Ein Beispiel ist Chiron im 3. Haus, dem Gefühl der Machtlosigkeit, sich so zu geben und mitzuteilen, wie es sein »müsste«, und Lilith im 8. Haus: Das Empfinden, negativ bewertet zu werden, verstärkt Chiron.

Ein weiteres grundlegendes Unterscheidungskriterium kommt aus der Deutungstechnik selbst. Lilith kann immer nur in Verbindung mit dem Mond gedeutet werden. Sie ist »die dunkle Seite des Mondes«. Um Lilith zu verstehen, müssen wir den Mond als Vorgabe berücksichtigen: Was will der Mond? Und was geht aus dieser Perspektive gesehen bei Lilith vor? Chiron ist ein Planet, der als solcher für sich steht.

Was unterscheidet Lilith, Pluto und das 8. Haus?

Zunächst haben Lilith, Pluto und das 8. Haus etwas gemeinsam: Alle drei haben mit dem Element Wasser, mit der Ebene des Gefühls, zu tun.

Das 8. Haus ist ein Wasserhaus. Sein Herrscher Pluto gehört daher ebenfalls zum Element Wasser, also zum Bereich des Fühlens. Der Mond als Urherrscher des 4. Hauses (Krebs) ist ebenfalls eine Wasseranalogie – auch wenn die deutsche Sprache eine der wenigen oder vielleicht sogar die einzige ist, die den Mond mit einem männlichen Artikel versieht, während die Sonne als Handlungsprinzip weiblich ist. Lilith ist mit dem Mond verbunden und zählt daher ebenfalls zum Wasserprinzip. Alle drei haben also mit Gefühlen zu tun, und alle drei sind Ausformungen des 4. Hauses, des ersten und kardinalen Wasserhauses.

Die Wasserhäuser (4., 8. und 12. Haus) beschreiben unterschiedliche Stadien des Fühlens und des Umgangs mit Werten und Bewertungen, die aus dem Fühlen entstehen. Fühlen aber ist die Grundlage unseres Handelns, so wie das 4. Haus vor dem 5. Haus kommt, in dem die innere Welt in möglichst authentischem Handeln umgesetzt werden soll. »Alles Leben kommt aus dem Wasser«, heißt es im Koran. Die Wasserhäuser definieren unser emotionales Verhältnis zu uns selbst und der Welt. Aus ihnen erwächst unsere Beziehung zu allem, was ist, und sie bestimmen letztlich darüber, ob wir stehen bleiben, reifen und wachsen, ob wir leiden oder innerlich frei sind, und was wir im Leben tun oder lassen.

4. Haus: die seelische Anlage. Ursprung und Sitz des Gefühls und der Bewertungen, die wir aufgrund dessen, was wir fühlen, vornehmen. Menschsein heißt bewerten, weil wir fühlende Wesen sind. Es gibt keine neutralen Gefühle. Gefühle gehen den Gedanken voraus (das 4. Haus kommt vor dem 7. Haus) und auch den Wertvorstellungen (das 4. Haus kommt vor dem 8. Haus). Unsere Mutter und die frühe familiäre Atmosphäre (4. Haus) prägen unsere Gefühle und damit das, was wir gut und erstrebenswert finden und was wir ablehnen.

8. Haus: Das zweite Wasserhaus sorgt dafür, dass wir uns an bestimmte Werte binden. Weil wir im 4. Haus auf eine bestimmte Weise fühlen, empfinden wir manche Werte als »gut« und andere als »schlecht«. Die Einteilung in »gut« und »böse« nimmt im 8. Haus konkrete Formen an. Das tut sie durch Gedanken, Meinungen und Wertungen. Wir unterscheiden und vergleichen und stecken das eine in die eine Schublade, das andere in eine andere. Dort wohlverwahrt können wir es bei Bedarf wieder herausholen. Im 8. Haus entstehen aus dem Fühlen des 4. Hauses konkrete Bilder, Ideen, Meinungen und eben die Wertvorstellungen, von denen bereits die Rede war.

Als fixes Wasserhaus entspricht das 8. Haus unseren Fixierungen. Planeten wie Uranus im 8. Haus bewirken, dass diese Bewertungen weniger fixiert sind. Andere wie Saturn zementieren Wertvorstellungen.

Wertvorstellungen im Alltag – das sind unsere Meinungen, Überzeugungen, unsere Theorien und unser Glaube. Sie entwickeln sich auf der Basis des 4. Hauses, das die Weichen für die Bildung von Werten und Meinungen stellt. In unseren Wertungen ist auch immer das emotionale Erbe unserer Familie (4. Haus) und im weiteren Sinn der Sippe (8. Haus) enthalten.

12. Haus: Das dritte Wasserhaus hat einen Januskopf. Seine zwei Gesichter haben als gemeinsamen Nenner den größtmöglichen Raum, den wir erreichen können – zum einen in der Gesellschaft und Öffentlichkeit und zum anderen den unendlichen Raum von allem, was ist. Indem wir in der Gesellschaft auftreten (12. Haus) können wir unsere Werte (8. Haus) darstellen (12. Haus), und zwar wahrhaftig oder als Täuschung (12. Haus). Auf diese Weise können wir eine Aufgabe in einer größeren oder kleineren Öffentlichkeit übernehmen, die über unseren persönlichen Rahmen hinausgeht (12. Haus). Wir »stehen für etwas«, wir repräsentieren etwas in der Öffentlichkeit (12. Haus). Dieses Repräsentieren ist ein Bild, das wir in der Gesellschaft von uns entwerfen, zum Beispiel als Leitfigur, als Kaufmann oder spiritueller Lehrer, als jemand, den man in Film und Fernsehen sieht, und mehr.

Im Sinn der spirituellen menschlichen Entwicklung steht das 12. Haus als letztes Haus des Tierkreises für die Auflösung aller Bewertungen. Meinungen und Wertvorstellungen. Im 12. Haus herrscht Einheit durch Nichtunterscheiden, durch »All-Eins-Sein«, das Aufgehen im großen Ganzen. Das Aufgehen in einer überpersönlichen Aufgabe ist eine Vorstufe zu dieser Rückkehr zur Quelle. Das individuelle Ichgefühl steht dann nicht mehr im Vordergrund.

Mond und Lilith in den Häusern

Mond in den Häusern

Der Mond setzt einen Wahrnehmungsschwerpunkt. Wenn wir den Mond deuten, erfahren wir, wohin ein Mensch schaut, was er im Blick hat, ob ihm das nun bewusst ist oder nicht. Der Mond beschreibt nicht die große Lebenslinie, das tut die IC/MC-Achse. Nur wenn das IC oder das MC in den Krebs fällt, der Krebs im 4. oder 10. Haus eingeschlossen ist oder der Mond im 4. oder 10. Haus steht, ist er definitiv der stärkste Lebensmotor. In allen anderen Fällen fließen die Aussagen des Mondes in die Motivationen ein, die am IC und im Weiteren an der gesamten IC/MC-Achse erkennbar sind. Der Mond ist ein Teilaspekt dessen, was ein Mensch in diesem Leben aus tiefster Seele will.

Die Texte zum Mond in den Häusern sind in diesem Buch kürzer als die Texte zu Lilith in den Häusern. Zum einen ist Lilith das Thema dieses Buches, zum anderen können Sie sich selbst mehr Deutungsmöglichkeiten erschließen, indem Sie die Häuserbeschreibungen am Anfang jedes Lilith-Kapitels mit dem Mond verbinden.

Wie Sie schon vermutlich gelesen haben, hat Michael Roscher eine einfache und wirksame Formel gefunden, mit der sich der Mond im Horoskop deuten lässt: »Meine Wahrnehmung ist gerichtet auf …« Probieren Sie es aus. Sie finden einen schnellen Einstieg in die Bedeutung des Mondes. Danach können Sie Ihre Interpretation erweitern. In der Beratung kann man den Mond zum Beispiel mit den Worten einführen: »X ist Ihnen wichtig.« »Ein Thema, das Sie immer wieder beschäftigt, ist X.«

Mond im 1. Haus

Die Wahrnehmung ist auf das Körperliche gerichtet und auf alles, was damit verbunden ist: den Überlebenswillen, körperliche Stärke und Abwehrkraft, Fähigkeit zur Selbstbehauptung und Durchsetzungsfähigkeit. Man nimmt deutlich wahr, welche Reaktionen andere Menschen und generell Eindrücke von außen (DC) in einem auslösen, ist bereit, Neues auszuprobieren. Muss ein Gleichgewicht finden zwischen den eigenen Bedürfnissen und denen anderer. Hilft gern und auch über das Maß hinaus, mit dem es einem selbst gut geht. Ist in Beziehungen und Begegnungen intensiv mit den eigenen, aktuell vorhandenen Bedürfnissen und Zuständen konfrontiert. Aktivitätsdrang. Ablenkung suchen, um nicht immer mit sich selbst konfrontiert zu sein. Schnelle Auffassungsgabe. Verletzlich: fühlt sich schnell angegriffen, kritisiert oder bedroht.

Mond im 2. Haus

Die Wahrnehmung ist gerichtet auf den konkreten Körper: auf alles, was der Körper braucht, damit man sich körperlich wohlfühlt und um sicher und geschützt zu sein: Nahrung, finanzielle Mittel, ein Dach über dem Kopf. Möchte zu einer Familie oder Gruppe gehören, in der man sich sicher und körperlich geborgen fühlen kann. Die eigene Stellung innerhalb der Gruppe hat einen großen Stellenwert, weil sie über die Möglichkeit, dazuzugehören, entscheidet. Angst, aus dem Nest geworfen zu werden. »Gemeinsam sind wir stark.«

Mit Gruppenzwängen konfrontiert. Körperliche Nähe ist ein wichtiges Thema, das je nach Mondstellung als angenehm und beruhigend oder als beunruhigend empfunden wird. Materielle Sicherheit ist ein großes Thema. Oft ungesichert, finanzielle Instabilität. Kein Geld verdienen mit dem, was man machen möchte. Alternativ häufiger Wechsel der Einkommensquellen.

Mond im 3. Haus

Die Wahrnehmung ist gerichtet auf den körperlichen Selbstausdruck – auf das, was andere an einem wahrnehmen: Körperkommunikation wie Mimik, Gestik und Gang, Sprache und Wortwahl. Will gesehen werden. Darauf konzentriert, wie man mit seinem Körperausdruck ankommt. Lieber über Gefühle reden oder sie über den Körper ausdrücken als sie fühlen. Sprachliche und rhetorische Begabung. In der Kommunikation informativ und unverbindlich, »Smalltalk« als Stärke. Gut ankommen. Leichte Vermittlung von Informationen, sodass Emotionen weniger angesprochen werden als das Denken. Die Beziehung zu Geschwistern, Verwandten, Nachbarn oder frühen Kontaktpersonen wie Kindergärtner/innen oder Grundschullehrer/innen nehmen einen wichtigen Platz ein.

Mond im 4. Haus

Die Wahrnehmung ist gerichtet auf die Gefühlswelt. Starke und lebensprägende Beziehung zur Mutter. Diese Beziehung prägt das Urvertrauen, die Fähigkeit, sich selbst annehmen zu können, das Selbstwertgefühl und die Offenheit für andere Menschen und das Leben insgesamt. Die Mutter als Vorbild dafür, die Dinge auf sich wirken zu lassen und erst dann zu handeln, wenn dieser Prozess durchlaufen ist. Das Mutterbild als Grundlage für gelebte Sexualität und das Vertrauen in die eigene Handlungsfähigkeit (beides 5. Haus). Lernen müssen, seine eigene Identität von der der Mutter zu trennen. Sucht oft lange und intensiv nach sich selbst. Neigt dazu, andere Identitäten zu übernehmen, bis der eigene innere Lebensmotor gefunden ist. Kreative Veranlagung, kann aus sich selbst heraus schöpfen. Ist permanent mit seinen Gefühlen und Stimmungen konfrontiert. Mit der eigenen inneren Welt beschäftigt. Meist gutes Erinnerungsvermögen.

Mond im 5. Haus

Die Wahrnehmung ist gerichtet auf die eigene Kreativität und Handlungsfähigkeit. Etwas tun wollen, etwas schaffen und bewegen wollen. Will sich kreativ ausdrücken können. Nach außen orientiert: »Was kann ich tun?« Lieber handeln wollen als die Dinge auf sich wirken lassen. Neigt dazu, spontan zu handeln, so wie einem gerade zumute ist, oder kommt umgekehrt nicht in Gang. Das Handeln wird stark von Stimmungen beeinflusst, wodurch eine Handlungsschwäche auftreten kann. Will eine zentrale Position einnehmen.

Starke und lebensprägende Beziehung zum Vater. Der Vater als Vorbild für Handeln und Aktiv-Sein: wie man Ziele umsetzt und Ideen verwirklicht. Sehnsucht danach, wirklich authentisch leben zu können. Der Blick auf die eigene Schöpfer- und Zeugungskraft.

Mond im 6. Haus

Die Wahrnehmung ist gerichtet auf eine flexible, situationsgerechte Anpassung an die Bedingungen, die in der Welt um einen herum herrschen. Andere Menschen und die Umstände im eigenen Verhalten und Auftreten berücksichtigen. Darauf konzentriert, wie man als Person ankommt. Zuerst eventuelle Konsequenzen prüfen bevor man etwas von sich zeigt oder mitteilt. Gefühle durch den Filter des Verstandes laufen lassen. Fähigkeit, gegebene Bedingungen optimal einzuschätzen und das Beste daraus zu machen. Fähigkeit zum körperlichen und seelischen »Energiesparmodus«. Mit dem geringsten Aufwand zum größtmöglichen Ergebnis. Kommunikative Fähigkeiten, die eine Atmosphäre schaffen.

Mond im 7. Haus

Die Wahrnehmung ist gerichtet auf andere Menschen, auf die Umwelt, auf Ereignisse. Nimmt besonders stark wahr, was anders als man selbst ist: »Das erregt meine Aufmerksamkeit, hat aber mit mir nichts zu tun.« Andere Menschen und die Umwelt als Spiegel für das, was in einem selbst liegt und was man noch erkennen, entwickeln oder lernen muss. Probleme und eigene Schwächen werden schneller auf andere projiziert als bei anderen Mondpositionen. Sich selbst kennenlernen über das Erleben der Umwelt. Man braucht ein Gegenüber, um die eigenen Gefühle wahrnehmen und fühlen zu können. Im Zusammensein mit anderen herausfinden, was man wirklich will. Diplomatisches Geschick: wirkt ausgleichend, sucht ein harmonisches Miteinander. Will nicht allein sein, kehrt deswegen öfter mal etwas »unter den Teppich«.

Mond im 8. Haus

Die Wahrnehmung ist gerichtet auf Vorstellungen, Ideen, Werte und Bewertungen. Fasziniert von Gedankengebäuden, Theorien und Wertesystemen. Denken, unterscheiden und beurteilen ist wichtiger als fühlen. Gefühle werden von Vorstellungen geformt und überlagert. Sich messen an den Vorstellungen anderer. Sich messen an Vorstellungen, die man früh verinnerlicht hat. Die Werte der Sippe. Stark mit der Sippe und ihren Mustern verbunden. Trägt das weiter, was in der Sippe zählte. Fähigkeit, über sich selbst hinauszugehen und sich große Leistungen abzuverlangen. Idealistische Lebenssicht. Konsequent, ausdauernd. Festhalten an dem, wofür man sich einmal entschieden hat, unabhängig davon, wie man sich damit fühlt. Man sucht und gibt langfristige Verbindlichkeit. Treu, zuverlässig, »bis zum Tod.« Sucht in allem die Dauer. Veränderungen können oft nur schwer angenommen werden.

Neigung zu Schwarz-Weiß-Denken. Will eindeutige, verbindliche Entscheidungen: für das eine, gegen das andere. Kann mit Grauzonen nur schwer umgehen. Kann gut ausgrenzen und sich auf etwas konzentrieren. Liebt die Spezialisierung.

Mond im 9. Haus

Die Wahrnehmung ist darauf gerichtet, Meinungen, Überzeugungen, Glaubens- und Sinnfragen und Werte mitzuteilen und ein Feedback von anderen zu bekommen. Seine Weltanschauung präsentieren wollen. Darauf konzentriert, wie man mit seinen Äußerungen ankommt. Will beliebt und anerkannt sein und bewundert werden, generell und besonders im sozialen Umfeld. Sich großzügig und jovial präsentieren. Oft diplomatisches Geschick. Kann sich im Kreis von Menschen, die zum sozialen Umfeld gehören, leichter für seine Gefühle öffnen, weil diese Beziehungen weniger persönlich sind als der direkte Kontakt zu einem Menschen. Positive Weltsicht. Das halb volle statt das halb leere Glas sehen. Möchte die Welt durch Optimismus zu einem besseren Ort machen.

Fähigkeit zum Gesamtüberblick. Eine Synthese aus vielen Details schaffen können. Freude daran, den Horizont zu erweitern: Reisen, Lesen, Eindrücke und Informationen sammeln und sie zu einem Bild zusammensetzen, das Sinn macht.

Religiöse oder philosophische Ausrichtung. Zu einer bestimmten Religion gehören wollen oder ein philosophisches oder spirituelles System vertreten. »Ich bin Christ, Moslem, Buddhist, Stoiker, Freimaurer. Ich gehe den Weg des Yogi.« Im 9. Haus werden Religion und Spiritualität als Form gesucht, das 12. Haus geht über alle Formen hinaus.

Mond im 10. Haus

Die Wahrnehmung ist gerichtet auf gesellschaftliche Maßstäbe, Regeln, Normen und das, was man in diesem Sinn zu tun und zu lassen hat. Gefühle werden gemäß den gesellschaftlichen Vorgaben reguliert. Disziplinierende Erziehung. Fähigkeit zur Selbstbeschränkung und Disziplin. Strukturierte Wahrnehmung, durch die man auch anderen

Halt, Struktur und Anleitung geben kann. Musste früh Verantwortung übernehmen, daher Neigung zum Ernst statt zum Spielerischen und Humorvollen. Pflichtgefühl und Selbstdisziplin überlagern die spontane Lebensfreude. »Man braucht lang, um jung zu werden.«

Beschäftigt sich häufig mit der Frage, wohin der Lebensweg gehen soll. Setzt sich Ziele und erarbeitet sie. Zielstrebig und effizient. Zeit hat eine besondere Bedeutung. Zeitgefühl. Besondere Beziehung zum Zeitgeist. »Am Puls der Zeit.« Spüren, was in der Luft liegt. Wissen, was die »Stunde geschlagen« hat. Erfolgreich in Bereichen, die im Zeitgeist liegen. Den Zeitgeist prägen können.

Mond im 11. Haus

Die Wahrnehmung ist gerichtet auf die Freiheit, seinen eigenen Weg gehen zu können. Lieber Unverbindlichkeit als Festlegungen (8. Haus). Will sich gesellschaftlichen Regeln nicht unterordnen müssen. Unkonventionell. Liebt das Ausgefallene, Besondere. Will selbst besonders sein. Ungewöhnliche Begabungen und Sichtweisen. Kann Kreatives einbringen und andere anregen. Eigentümlich, eigenbrötlerisch, individualistisch, unangepasst, exzentrisch. Elitäre Lebenseinstellung: »Ich bin anders und besonders.« Hoch hinaus wollen bei gleichzeitiger Angst vor Absturz. Stimmungsschwankungen, emotionale Instabilität.

Kann sich nur schwer entscheiden: sich entscheiden bedeutet sich festlegen. Sich festlegen bedeutet auf etwas verzichten zu müssen, weil man sich dagegen entschieden hat. Legt sich in Beziehungen ungern fest. Vermeidet es nach Möglichkeit, Position zu ergreifen. Bleibt lieber unverbindlich oder »zwischen den Stühlen«. Hatte in der Familie oft die Rolle des Vermittlers, musste ausgleichen. Sich festlegen oder Partei ergreifen erzeugt bei vielen Menschen mit Mond im 11. Haus Unsicherheit und Schuldgefühle. Angst davor, Verantwortung zu übernehmen. Verantwortung wird als Verpflichtung erlebt.

Das frühe Erleben der Unvereinbarkeit der Eltern und/oder Geschwister wird Teil des Lebensgrundgefühls. Man ist ständig mit Gegensätzen und Widersprüchen konfrontiert: Die Dinge wollen nicht zusammenpassen. Kann kreative Lösungen für Situationen entwickeln, in denen Parteien streiten. Kann Menschen, die nicht zusammenpassen, an einen Tisch bringen.

Mond im 12. Haus

Die eine Seite des Mondes im 12. Haus: Die Wahrnehmung ist gerichtet auf die Zeitgeistphänomene, auf das, was in der Gesellschaft in Erscheinung tritt. Zeitgeistströmungen werden leicht erkannt und können genutzt werden (Politiker, Künstler, soziales Engagement usw.) Man kann eine Rolle übernehmen, die von der Gesellschaft gebraucht wird und die im Zeitgeist liegt.

Sehnsucht nach öffentlicher Anerkennung. Will in der Gesellschaft gesehen werden, am liebsten weltweit (Internet, Medien). Will etwas repräsentieren. Sucht das große Publikum.

Die andere Seite des Mondes im 12. Haus: Die Wahrnehmung ist auf das gerichtet, was hinter den Dingen liegt. Hinter das Offensichtliche schauen und die Wahrheit erkennen wollen. Sehnsucht nach der Auflösung von Wertmaßstäben, Bewertungen und gesellschaftlichen Regeln. Sehnsucht, danach, über alle Formen hinauszugehen. Transzendenz. Wahre Freiheit suchen. Spiritualität, die keinem System verpflichtet ist. Leiden an den Grenzen der Welt (10. Haus) und an den Vorstellungsfixierungen (8. Haus), die Schmerz, Not, Ungerechtigkeit, Verzweiflung und Gewalt in die Welt bringen. Mitgefühl und Engagement für die Notleidenden, sozial Schwachen, Entrechteten, für Menschen, die verfolgt werden, und für Randgruppen, die diskriminiert werden.

Die Wahrnehmung ist auf das Mysteriöse, Geheimnisvolle gerichtet, auf das, was man nicht konkret greifen kann; alternativ auf Hintergründe, verborgenes Wissen, verdeckte Informationen und Ermittlungen, auf Lug und Betrug, mit dem die Öffentlichkeit hintergangen wird. Die Wahrnehmung ist auf versteckte Gegner und Angriffe, die aus dem »Nichts« kommen könnten, gerichtet. Diese Gegner können ebenso Feinde sein, von denen man nichts weiß, wie ansteckende Keime oder Katastrophen.

Fähigkeit, die Wahrheit zu erkennen: Rollen, die gespielt werden, Lügen durchschauen, erkennen, was Menschen daran hindert, ihr wahres Potenzial zu leben.

Häufig künstlerische Neigung. Kunst und Musik als Ausdruck dessen, was nicht in Worte gefasst werden kann. »Die Musik drückt das aus, was nicht gesagt werden kann und worüber zu schweigen unmöglich ist.« (Victor Hugo)

Lilith in den Häusern

Die folgenden Texte zu Lilith in den zwölf Häusern beschreiben häufige Varianten, in denen sich die dunkle Geschichte ausdrücken kann. Jedes Horoskop umfasst sein besonderes Geflecht an Konstellationen und Bezügen, an Mond-Positionen und Aussagen der IC/MC-Achse. Sie beeinflussen und formen die individuelle dunkle Geschichte.

Wo Lilith steht, ist auch immer ein bewertendes Auge vorhanden und die Angst vor dem Urteil, das in diesem Auge liegt. Oft ist es nicht nur das Auge der anderen – wir sehen auch mit kritischem Blick auf uns selbst. Lilith ist ein wichtiger Grund für mangelndes Selbstwertgefühl. Mit Lilith im 8. Haus, dem Haus der Urteile und Wertvorstellungen, ist der kritische Blick besonders stark. Aber auch in den beweglichen Häusern trägt der bewertende Blick anderer besonders viel zum inneren Dilemma bei. Als »schwarzer Mond« ist Lilith wie der Mond selbst ein Fühlprinzip. Im Fühlen liegt aber immer eine Bewertung: »Dieses gefällt mir, jenes nicht, das lässt mich kalt.« Fühlen ist die Basis der Wahrnehmung und Wahrnehmung ist immer subjektiv. Außerdem ist Lilith über den Mond mit dem IC verbunden, der Grundlage unseres Fühlens und unserer Art, im Leben zu sein.

Die folgenden Texte sind Anregungen, womit die dunkle Seite des Lebensdrehbuchs verbunden sein kann. Jeder Mensch hat seine ganz eigenen Erinnerungen, Bilder, Gedanken und Gefühle, die immer dann auftreten, wenn etwas im Hier und Jetzt geschieht, was an diese Erinnerungen anknüpft. Es stellen sich Körperempfindungen dort im Körper ein, wo sich beim ersten prägenden Lilith-Ereignis ein somatischer Marker gebildet hat. Diese abgespeicherten Körperempfindungen treten immer wieder auf, wenn die Erfahrung reaktiviert wird. Das kann ein zugeschnürter Hals sein, starkes Herzklopfen, Bauchgrummeln, Zittern, feuchte Hände und Schweißausbrüche, Kopfschmerzen und mehr. Die Symptome treten schwach oder stark auf, je nachdem, wie massiv das aktuelle Ereignis die alte Wunde berührt. Wenn ein Mensch beginnt, sein Lilith-Thema zu befreien, lassen auch die Symptome nach.

Natürlich ist die Lilith-Begegnung im Grunde einfach eine Erfahrung, die sich in einem Menschen zu seiner Wirklichkeit aufgebaut hat, zu einer Geschichte, die etwas bewirkt. Diese entsteht durch reale Vorgänge und die Deutungen, die ein Mensch mit diesen Vorgängen verknüpft. Ist jemandem Anerkennung wichtig, schmerzt es tief, wenn er verlacht wird, selbst wenn es ein amüsantes, nettes Lachen ist wie bei dem Mann mit Mond und Lilith im 3. Haus, der verschlafen als kleiner Hosenmatz die Treppe runter und in die Gaststube seiner Eltern kam – zur Erheiterung der Gäste. Von außen betrachtet ein harmloses Ereignis, das aber lebensprägende Auswirkungen haben kann, wenn es bei einem Menschen auf den passenden seelischen Boden fällt.

Um die dunkle Geschichte eines Menschen wirklich zu verstehen, müssen wir uns mit ihm zusammen auf die Suche nach seinen Erinnerungen und Erfahrungen begeben. Nur so können wir die Gedanken- und Gefühlsmuster verstehen, die sein Leben prägen. Das Horoskop zeigt an, wo wir suchen müssen, die Suche selbst bleibt uns überlassen.

Lilith im 1. Haus

Das 1. Haus: Die Quelle unserer körperlichen Anlagen; der körperliche Lebensmotor; der körperliche Lebensquell. Instinkte und instinktive Reaktionen; Reaktionen auf Außenreize; Überlebenstrieb und alle Strategien, die dem Überleben dienen; Überlebenskraft, Immunkraft. Selbstdurchsetzung und Selbstbehauptung; Durchsetzen der eigenen Bedürfnisse, für sich und seine Bedürfnisse sorgen. Bedürfnisse, die durch Außenreize (DC) wachgerufen werden (AC). Der Wille, der auf die Befriedigung von Bedürfnissen gerichtet ist, die für eine bestimmte Zeit antreiben. Der sexuelle Trieb: Sexualität als Anlage bzw. als Grundbedürfnis. Der Startpunkt: die Geburt als Symbol für alle Anfänge auch im späteren Leben.

Die dunkle Geschichte rankt sich um das Überleben. »Ich hätte nicht geboren werden sollen.« »Meine Geburt war eine Katastrophe für…« Das ungewollte Kind. Nicht existieren dürfen. In Marilyn Monroes Horoskop steht Lilith im 1. Haus, Mond im 7. Haus. Marilyn war das ungewollte Kind der Filmeditorin Gladys Pearl Baker, geborene Monroe. Wer ihr Vater war, ist nicht sicher. Vermutlich war es Charles Stanley Gifford, Gladys Vorgesetzter, aber auch andere Verehrer kommen infrage. Gifford verließ Marilyns Mutter, als er von ihrer Schwangerschaft erfuhr.

Das Leben wird von Anfang an als bedrohlich erfahren. Abgelehnt, bevor man überhaupt begonnen hat zu leben. »Ich bin seit meiner Geburt in eine schlimme Geschichte verwickelt.« »Ich wurde in eine gefährliche Welt hineingeboren. Ich musste um mein Überleben fürchten.« »Ich fühle mich dauernd bedroht.«

Der Versuch, sich durchzusetzen und gegen andere zu behaupten, ist mit Angst, Wut und schmerzhaften Erfahrungen verbunden. »Ich kann mich nicht durchsetzen.« »Es ist gefährlich, sich durchzusetzen.« »Wenn ich für mich und meine Bedürfnisse sorgen will, geschieht etwas Schlimmes.« Als Reaktion auf diese Ängste gehen die Betroffenen entweder jeder Notwendigkeit, sich durchzusetzen, aus dem Weg oder sie treten die Flucht nach vorn an und übertreiben. In beiden Fällen sind negative Erlebnisse wahrscheinlich, die wie sich selbst erfüllende Prophezeiungen wirken. Das Gleiche gilt für die Art und Weise, wie man mit Bedürfnissen umgeht: entweder überegoistisch oder übermäßig verzichtend.

Die dunkle Geschichte löst Kampf-, Flucht- oder Totstellreaktionen aus. Wenn das Lilith-Thema ausgelöst oder auch nur darüber gesprochen wird, reagiert der Körper mit starken Stressreaktionen. Die natürliche Fähigkeit des Körpers, sich an Umweltbedingungen anzupassen, ist gestört. Körperliche Anspannung und Rastlosigkeit können Dauerzustand werden.

Die dunkle Geschichte rankt sich um die Lebenskraft. Ich werde ›totgepickt‹, wenn ich meine Kraft und Lebenswillen zeige.«

Die dunkle Geschichte bewirkt, dass man alles auf sich bezieht. Was geschieht, fühlt sich bedrohlich, kränkend, beunruhigend, beschämend an und löst Wut und Abwehr aus.

Die dunkle Geschichte rankt sich darum, was geschieht, wenn man versucht, die eigenen Bedürfnisse zu befriedigen. »Wenn ich für mich sorgen will, gelte ich als egoistisch.«

Die dunkle Geschichte hat mit sexuellen Bedürfnissen zu tun. »Sexuell zu sein ist schlecht.«

Die dunkle Geschichte rankt sich um das Empfinden, Bedürfnisse zu haben sei verboten oder die Bedürfnisse, die man hat, seien nicht Ordnung, verboten oder schlecht. Als Reaktion beschließen manche Menschen, sich um jeden Preis durchzusetzen und sich zu nehmen, was sie haben wollen, nur um feststellen zu müssen, dass das nicht die Lösung für ihr inneres Drama ist.

Die dunkle Geschichte ist mit der Art und Weise verbunden, wie man auf die Umwelt reagiert bzw. auf die Eindrücke, die man von außen erhält (»Reiz-Reaktions-Muster«). Die eigenen Reaktionsmuster werden als bedrohlich, inakzeptabel oder negativ bewertet erlebt.

Die dunkle Geschichte beginnt schon bei der Geburt durch Erfahrungen während des Geburtsvorgangs und direkt nach der Geburt.

Körperliche Verletzungen durch Unachtsamkeit oder Fehlverhalten der Geburtshelfer.

Die dunkle Geschichte zwingt zur Isolation: Man muss sich auf sich selbst verlassen (»Hilf dir selbst, dann hilft dir Gott!«).

Die dunkle Geschichte bringt einen dazu. besonders risikoreich zu leben. »Angriff ist die beste Verteidigung.« Faszination des Bedrohlichen.

Die dunkle Geschichte hat mit Neubeginn und Umbruchsituationen zu tun. »Etwas Neues zu beginnen, macht mir Angst.« »Die Welt ist ein unsicherer Ort, an dem sich ständig alles verändert.« »Die Welt ist ein bedrohlicher Ort.« »Ich kann mich auf nichts verlassen.«

Allein und auf sich gestellt: »Ich muss alles allein machen.« »Hilf dir selbst, dann hilft dir Gott.« »Wenn ich etwas Neues anfangen will, geht es schief.«

Welche dunkle Geschichte auch im 1. Haus erzählt wird, sie ist immer mit Schmerz, Kränkung und Angst verbunden bis hin zum Trauma und mit Wut und Empörung bis hin zu Hass und Zerstörungsdrang, wenn wir tief genug schauen. Im 1. Haus wirkt sich Lilith an der Wurzel unseres körperlichen Daseins aus, an dem, was uns zur Verfügung steht, um zu leben und zu überleben.

Die befreite Lilith im 1. Haus. Wenn das Lilith-Thema erkannt und angenommen wird, entsteht das fundamentale Gefühl der Existenzberechtigung. »Ich darf da sein.« »Niemand kann mir das Recht auf Leben absprechen.« Körper und (Über-)Lebensmechanismen entfalten ihre volle Kraft. Starke Abwehrkraft, körperlich über das Immunsystem und psychisch durch Durchsetzungsfähigkeit. Schnelle Auffassungsgabe. Körperliche Bedürfnisse werden gut wahrgenommen. Statt Überlebensangst wird bewusst, dass man mit den Anforderungen des Lebens gut zurechtkommen kann. Vertrauen in die eigene Stärke entwickeln. »Ich weiß instinktiv, was zu tun ist.« Es wird immer einfacher, sich auf die beste Weise durchzusetzen. Ebenso wird es leichter, gut für die eigenen Bedürfnisse zu sorgen. Etwas Neues in Angriff zu nehmen – eine neue Arbeitsstelle, eine Beziehung, einen Umzug, ein neues Projekt – fällt weniger schwer und gelingt immer besser.

Lilith im 2. Haus

Das 2. Haus: Der konkrete Körper. Körperliche und materielle Sicherheit. Körperlich sicher und geborgen sein. Bedürfnisse des Körpers, die mit Existenzsicherung und körperlichem Wohlbefinden zu tun haben: Nähe, Wärme, Nahrung, sinnliche Genüsse. Sicherheitsstreben. Worin man Sicherheit finden und sein Geld verdienen kann: Besitz, Finanzen, Wohlstand. Was man tun kann, um seine Existenz zu sichern: die Zugehörigkeit zu einer Gruppe (der Familie oder einer anderen Gruppe). Der Bezug zum eigenen Körper. Körperliche Handicaps.

Die dunkle Geschichte rankt sich um einen Mangel an Sicherheit und körperlicher Geborgenheit. Es war von Anfang an oder zumindest sehr bald nicht mehr möglich, sich sicher zu fühlen. Nach Sicherheit zu streben ist mit negativen Erfahrungen verbunden. Sich sehr nach Sicherheit sehnen. Große Angst, eine einmal gewonnene Sicherheit wieder zu verlieren. Keinen Boden unter den Füßen haben. Nicht dazugehören. Die Angst treibt einen um, ausgeschlossen zu werden und hilflos und allein zu sein. »Aus dem Nest geworfen.« Es kann sich dabei um die Familie handeln oder eine andere Bezugsgruppe, in der man konkret-praktische Sicherheit erhofft.

Die dunkle Geschichte rankt sich um das Gefühl, anders zu sein und deswegen nicht dazuzugehören, nicht hineinzupassen. Es wird schmerzhaft aktiviert, wenn man mit mehreren Menschen zusammen ist. Das »hässliche Entlein«. Der »Elefant im Porzellanladen«.

»Ich muss so sein, wie ihr es erwartet, wenn ich dazugehören will.« »Friss oder stirb.« Von klein auf bekam man zu hören, man sei das schwarze Schaf.

Die dunkle Geschichte rankt sich um Geld, Finanzen, Wohlstand oder Armut. Angst vor Armut. Wie unter Zwang materielle Sicherheit suchen. Steht z. B. der Mond im 10. Haus und Lilith im 2. Haus, kann Armut etwas sein, was zum gesellschaftlichen Außenseiter macht. Deshalb werden gesellschaftliches Ansehen und Besitz zu einem wichtigen, aus dem Schmerz heraus motivierten Ziel, das wie unter Zwang verfolgt wird.

Die dunkle Geschichte rankt sich um Existenzängste, die, rational gesehen, nicht nachvollziehbar sind. Angst zu verhungern, auch bei vollem Konto. Keinen Boden unter den Füßen haben: »Ich fühle mich ständig auf schwankendem Boden.« Die Verbundenheit mit der »Scholle« – dem Ort der Geburt – wurde früh unterbrochen. Herausgerissen werden. »Ich habe keine Wurzeln.«

Existenzängste bringen den Menschen dazu, die Flucht nach vorn anzutreten: materielle Sicherheit ablehnen, nirgendwo dazugehören wollen. Gemeinschaften ablehnen.

Die dunkle Geschichte rankt sich um Erfahrungen in einer Gemeinschaft, in der man zusammenlebt und für die Sicherheit und das Wohlbefinden sorgt. »Wenn ich mit jemandem zusammenleben will, muss ich Kompromisse machen und Opfer bringen.« »Wenn ich mit jemandem zusammenlebe, verliere ich meine Freiheit.« »Sobald ich mit jemandem zusammenlebe, beginnen die Probleme.«

Die dunkle Geschichte ist mit großer Angst vor Krankheiten und körperlichen Schäden verbunden. Besondere Angst vor körperlichem Verfall und Tod.

Die dunkle Geschichte rankt sich um den Bezug zum eigenen Körper. »Ich darf meinen Körper nicht lieben.« »Ich kann meinen Körper nicht annehmen.«

Die dunkle Geschichte rankt sich um körperlich-sinnliche Bedürfnisse, die nicht gelebt werden können oder dürfen. »Ich darf nicht genießen.« »Sinnlichkeit ist Sünde.«

Überbetonung des Körperlichen: körperliche Kraft und Muskeln sind extrem wichtig, oder Schönheit und Attraktivität.

In der Gruppe, in der man lebt und zu der man gehört, gibt es eine dunkle Geschichte, die das eigene Leben stark betrifft.

Die dunkle Geschichte löst Angst vor körperlicher Nähe aus. Körperliche Nähe wird als bedrohlich erlebt.

Die dunkle Geschichte hat mit konkreten körperlichen Handicaps oder Entstellungen zu tun, die man ererbt oder zugefügt bekommen hat.

Welche dunkle Geschichte auch im 2. Haus erzählt wird, sie ist immer mit Schmerz, Kränkung und Angst verbunden bis hin zum Trauma und mit Wut und Empörung bis hin zu Hass und Zerstörungsdrang, wenn wir tief genug schauen. Im 2. Haus rankt sich die dunkle Geschichte um den konkreten Körper mit all seinen Notwendigkeiten wie Unversehrtheit, Versorgt-Sein, Zugehörigkeit und Schutz.

Die befreite Lilith im 2. Haus. Wenn das Lilith-Thema erkannt und angenommen wird, entfaltet sich die natürliche Fähigkeit, für die körperliche und existenzielle Sicherheit zu sorgen. Falls es Probleme mit dem Einkommen gab, kann nun eine materielle Absicherung aufgebaut werden. Existenzängste lassen nach. Die Angst davor, aus der Familie oder Bezugsgruppe ausgeschlossen zu werden, verändert sich. Unabhängig davon, wie diese Menschen sich nun verhalten, wächst die innere Freiheit, sodass man nicht unbedingt und unter allen Umständen glaubt, dazugehören zu müssen. Oft leitet das eine neue Beziehungsebene ein. Man fühlt sich in Bezugsgruppen oder auch in Gruppen generell wohl und wird angenommen und respektiert. Der Umgang mit dem eigenen Körper wird achtsam und liebevoll. Sinnliche Bedürfnisse zu leben fühlt sich natürlich an und macht immer mehr Freude. Wer körperliche Handicaps hat, kann sie besser annehmen und damit leben.

Lilith im 3. Haus

Das 3. Haus: Körperkommunikation: Bewegung, Mimik, Gestik, Sprechweise; das Benehmen im Sinne der Bewegungen des Körpers: wie man isst, wie man geht, wie man schaut. Wortwahl, Konversationsstil, Kleidung. Körperkoordination: sich so bewegen, dass es in das

Umfeld passt. Allgemein das körperliche Auftreten – authentisch oder um den Schein zu wahren. Das Bedürfnis, sich zu zeigen und gesehen zu werden. Körperliche Geschicklichkeit.

Verwandte: Schwestern und Brüder, Tanten und Onkels, Cousinen und Neffen; Nachbarn; Lehrer; die Zeit in der Grundschule.

Die Fähigkeit, fakten- und detailbasierte Informationen zu vermitteln. Informieren können.

Im Gegensatz zu den kardinalen und fixen Häusern können wir in den beweglichen Häusern nichts verstecken, denn ihr Wesen liegt in der Darstellung nach außen. Sie sind eine mehr oder weniger freiwillige Erklärung, wer wir auf der körperlichen (3. Haus), seelischen (6. Haus), geistigen (9. Haus) und auf der überpersönlichen Ebene (12. Haus) sind. Die beweglichen Häuser können sowohl als authentischer Selbstausdruck dessen genutzt werden, was man tatsächlich fühlt und will (4. Haus), als auch, um eine Rolle zu spielen, die einem erfolgversprechend erscheint. Außerdem kann man eine Rolle bewusst übernehmen: etwas repräsentieren.

Die dunkle Geschichte entstand, weil körperliche Ausdrucksfomen eines Menschen – seine Art, sich zu bewegen, seine Mimik, Gestik, Sprechweise, Wortwahl, die Art zu essen und Dinge mit den Händen zu handhaben, massiv kritisiert wurden. Auch der Konversationsstil oder eine Eigenheit in der körperlichen Bewegung wie hinken können negativ ankommen oder lächerlich gefunden werden. Offen ausgesprochene oder stumme Kritik an der Art, wie ein Mensch auftritt und kommuniziert. Lieb sein müssen. »Andere kritisieren mein Auftreten auf eine Art, die mich tief schmerzt.« Angst, etwas Falsches zu sagen. Angst, etwas zu sagen, was andere nicht hören wollen. Als Lösungsstrategie eine Rolle spielen. Bei gleichzeitiger Saturnbetonung kann eine Rolle des gesellschaftlich »richtigen« Verhaltens vorhanden sein. So auftreten, wie man es aus gesellschaftlicher Sicht zu tun hat. Smalltalk als Lösungsstrategie – über alles reden, nichts Riskantes und emotional wirklich Berührendes ansprechen. Beziehungen werden über die Art des Auftretens aufgenommen und gesteuert.

Im 3. Haus will der Mensch gesehen und bemerkt werden, daher ist die Reaktion der Umwelt ausgesprochen wichtig. Es geht daher nicht nur darum, wie das eigene Auftreten bewertet wurde, sondern auch darum, ob man überhaupt bemerkt wurde: »Ich werde nicht bemerkt.« »Ich werde übersehen.« »Ich muss mich anstrengen, um bemerkt zu werden.« Nina Hagen, deren Lilith im 3. Haus steht, ist ein prägnantes Beispiel dafür, wie ein Mensch versuchen kann, gegen den Schmerz der Nichtbeachtung anzugehen.

»Ich darf nichts sagen.« »Ich darf mich nicht so bewegen, so lachen, so sprechen, wie es für mich natürlich ist.« Mimik, Gestik, Bewegungen werden kontrolliert, um keinen Anstoß zu erregen. Oft minutiöse Selbstüberwachung, um alles richtig zu machen. Manchmal maskenhafte Mimik. »Ich darf mich nicht kleiden, wie ich möchte.« Eine Frau mit Lilith im 3. Haus und der Spitze des 3. Hauses auf dem Venus/Mars-Grad 15° Widder/Waage (Venus/Mars) durfte keine anliegende Kleidung oder gar einen Ausschnitt tragen. Erotisches Auftreten war tabu. Unter einer Lilith-Auslösung änderte sich das. Statt Sackkleidern wurde die Kleidung mehr figurbetont, der Kommunikationsstil bekam etwas Fröhlich-Flirtendes. Als Rückwirkung auf die IC/MC-Achse auf 15° Stier/Skorpion (Venus/Pluto-Grad) veränderte sich ihr Gefühl der Ohnmacht in ein durchsetzungskräftiges Verhalten. Sie wurde sich ihrer suggestiven Macht im Auftreten bewusst.

Die dunkle Geschichte bringt einen dazu, Gefühle zu relativieren, sobald sie intensiver werden. Eigene starke Emotionen und die anderer werden abgeblockt. Aufwühlende Gefühle unterdrücken, sie durch Erklärungen entschärfen. Gefühle leben, solange es »nicht ans Eingemachte« geht. Kann echte Gefühlsnähe nicht lang aushalten. Sich dauernd beschäftigten. Starke rationale Kontrolle. Nicht über Gefühle reden können oder umgekehrt Gefühle »totreden«. Rededrang.

Die dunkle Geschichte hat mit Kommunikation zu tun. In der Familie wurde nicht gesprochen oder es waren verletzende Worte oder was gesagt wurde, war nicht verständlich, und löste Angst aus.

Die dunkle Geschichte hat mit gesellschaftlichen Normen zu tun, die darüber bestimmen, wie man sich geben muss. In Taiwan begegnete ich einmal einem Chinesen, der mit schmerzvoll lachendem Gesicht berichtete, sein Vater sei gestorben. In seiner Kultur belästigt man andere nicht mit seinem Kummer.

Die dunkle Geschichte rankt sich darum, dass man sich als ungeschickt erlebt. »Ich lasse alles fallen.« »Ich mache alles kaputt.« Frühe Botschaften wie »Du bist ein Trampel« liegen schwer auf dem Vertrauen zu sich selbst und dem Selbstwertgefühl.

Die dunkle Geschichte rankt sich um die Stimme in ihrer Ausdrucksform (»du hast eine Stimme wie der Trompeter von Jericho«).

Die dunkle Geschichte hat mit dem Bruder oder der Schwester zu tun oder mit anderen Verwandten. Etwas Kränkendes, Beängstigendes oder etwas, wofür wir uns schämen, ist geschehen. Das kann auch in der Begegnung mit Lehrern oder Nachbarn der Fall gewesen sein. Was geschehen ist, fühlt sich so belastend an, dass verdrängt wird, worum es geht.

Die dunkle Geschichte ist mit Erfahrungen in der Grundschule verbunden. Steht der Mond z. B. gleichzeitig im 8. Haus, können negative Bewertungen aus dem Familienkreis oder der Nachbarschaft oder in der Schule lebensprägende belastende oder traumatisierende Auswirkungen gehabt haben.

Welche dunkle Geschichte auch im 3. Haus erzählt wird, sie ist immer mit Schmerz, Kränkung und Angst verbunden bis hin zum Trauma und mit Wut und Empörung bis hin zu Hass und Zerstörungsdrang, wenn wir tief genug schauen. Im 3. Haus wird der Körper beschrieben, wie er mit all seinen Anlagen (1. Haus) und seiner Substanz (2. Haus) nun in Bewegung kommt und sich anderen zeigt bzw. von anderen gesehen wird. Damit ist das Feedback der Außenwelt automatisch einbezogen. Entsprechende Lilith-Erfahrungen werden immer wieder durchlaufen, bis man zu seinem eigenen Stil und authentischem Selbstausdruck findet.

Die befreite Lilith im 3. Haus. Wenn das Lilith-Thema erkannt und angenommen wird, entfaltet sich die natürliche Fähigkeit, sich zu präsentieren und ansprechend zu kommunizieren. Bewegungen, Mimik, Stimme und die körperliche Geschicklichkeit entwickeln sich, ebenso die Art, sich zu kleiden. Die Mimik wird lebendig. Körperliche Ausdrucksformen und Kommunikation werden zur Stärke. Körpersignale, die vorher vielleicht für andere unverständlich waren, werden klarer, sodass andere sich darauf beziehen können. Man lernt Gefühle zuzulassen.

Es besteht oft eine Gabe zu Smalltalk, der unterhält und Menschen anspricht. Informationen und Fakten gut vermitteln können.

Ein körperliches Handicap, das mit Bewegung, Mimik, Gestik oder Sprache zu tun hat, kann nun angenommen werden.

Die dunkle Geschichte in der Beziehung zu einem oder mehreren Verwandten kann sich zum Positiven verändern.

Lilith im 4. Haus

Das 4. Haus: Die Quelle unseres Seins. Der seelische Lebensmotor. Der seelische Lebensquell. Der Ursprung aller Gefühle und Motivationen. Der tiefste Wunsch, den wir fühlen; was für uns wirklich wahr ist; was wir wirklich wollen: »Aus tiefstem Herzen.« Der wahre Wille. Die seelische Wurzel, aus sich die Krone des Lebensbaums entwickeln kann.

Die Handlungsgrundlage: unser Handeln entspringt entweder aus aktuellen Bedürfnissen (1. Haus) oder aus vorübergehenden Gefühlen und Stimmungen (4. Haus) oder aus unseren wahren Lebensmotiven (4. Haus).

Die Mutter bzw. das Mutterbild. Die Mutter als Bild für Fühlen, Hingabe, Annehmen und Angenommen-Werden. Die Mutter als Bild für die Offenheit, die Dinge auf sich wirken und in sich reifen zu lassen – erst nach diesem Prozess geht es ins 5. Haus des Handelns. Die Quelle des Selbstwertgefühls. Sich selbst annehmen und Selbstliebe empfinden können. Seelische Geborgenheit. »Geborgen im Mutterschoß.« Basis des Vertrauens in das Leben.

Die frühe emotionale Atmosphäre. Die innere Anteilnahme an den Dingen. Das langsame, natürliche Wachstum der Dinge, die innere Entfaltung. Die Fähigkeit, Menschen, Ereignisse und Dinge auf sich wirken zu lassen und in sich aufzunehmen, um daraus etwas in seiner eigenen Zeit zu gestalten. Empfängnisfähigkeit.

Die Quelle der Kreativität. Der schöpferische innere Raum, aus dem alles entspringt, was wir im Leben realisieren können.

Die dunkle Geschichte ist mit der seelischen Lebensquelle verbunden – der Quelle all dessen, was wir uns wünschen und was wir sein können. Das, was man in sich fühlt und wirklich will, wird nicht angenommen, nicht gefördert, nicht respektiert. »Was ich will, hat keine Bedeutung. Es zählt nicht. Es wird nicht ernst genommen.« Die Suche nach sich selbst und der eigenen Wahrheit ist mit Schmerz, Angst und Wut verbunden.

Gefühle werden wegen der dunklen Geschichte massiv verdrängt. Intensive und schmerzliche Beziehung zur Mutter. Schwere Gefühlsverletzungen durch die Mutter, die Angst, Trauma, Wut, Rebellion und oft auch Scham auslösen. Seelische und/oder körperliche Härte durch die Mutter. »Die Welt ist ein dunkler Ort.« Keine Gefühle mehr zulassen wollen. Sich innerlich verschanzen. Seelische Anspannung und innere Rastlosigkeit. Sich abschotten, sich innerlich einigeln. Keinen an sich heranlassen.

Die dunkle Geschichte rankt sich um die frühe emotionale Atmosphäre, in der man aufgewachsen ist. Wenn man liebt, bricht die dunkle Geschichte auf und löst eine tief sitzende Angst davor aus, so zu sein, wie man sich wirklich fühlt. Ein frühes Gefühlstrauma macht es schwer zu vertrauen, sich zu öffnen und sich hinzugeben. Es fällt schwer, sich zu erinnern. Erinnerungen sind entweder verschwommen, ganz entfallen oder man ist umgekehrt permanent mit Erinnerungen konfrontiert.

Die dunkle Geschichte bewirkt, dass man entweder ohne Unterlass mit seinen Gefühlen beschäftigt ist oder umgekehrt alles tut, um sie nicht fühlen zu müssen. Gefühle füllen den ganzen Horizont aus oder scheinen nicht vorhanden zu sein. »Ich bin ständig mit meinem Gefühlschaos konfrontiert« oder »Ich fühle mich leer.« »Alles ist grau.«

Die dunkle Geschichte verhindert, dass man sich selbst lieben und annehmen kann. »Ich bin nicht liebenswert.« Dieses Selbstbild beeinflusst die zwischenmenschlichen Beziehungen als sich selbst erfüllende Prophezeiung. Das geschlossene Herz. Während des Irakkriegs 2003 wurden US-amerikanische Piloten abgeschossen. Man zwang sie, im Fernsehen aufzutreten und ihren Dienstgrad zu sagen. Dass sie misshandelt worden waren, war erkennbar. Die Eltern eines Piloten wurden interviewt und erklärten, sie seien fassungslos, dass ihr Sohn so schwach sei. Dieser Sohn hat sicher geahnt, wie seine Eltern denken würden, denn ihre Geisteshaltung galt ja nicht nur für dieses Ereignis. Der Schmerz, nicht geliebt zu werden, sich bei den Eltern und vor allem der Mutter nicht geborgen fühlen zu können, den dieser Mann empfunden haben muss, würde einer Lilith im 4. Haus entsprechen. Möglich ist auch eine Lilith im 8. Haus, dem Haus der Bewertungen und Urteile. »Die Welt ist ein Ort, an dem man mich verletzt und kränkt.« »Ich werde abgelehnt.«

Die dunkle Geschichte verhindert, dass ein Mensch, seinen tiefsten inneren Wunsch lebt. Nicht Kind sein dürfen. Nicht spielen dürfen. Nicht ausprobieren dürfen.

Die dunkle Geschichte bewirkt, dass ein Mensch Eindrücke nur schwer aufnehmen kann. Sie werden abgeblockt, er lässt sie nicht an sich heran. Sind sie einmal im Innern angekommen, gibt man sich nicht die Zeit, um diese Eindrücke zu verarbeiten. Ungeduld und Rastlosigkeit, um zu vermeiden, dass man berührt wird.

Die dunkle Geschichte erlaubt kein Ausruhen und kein In-sich-Gehen. Die eigene Kreativität, das eigene Potenzial, darf nicht entdeckt und gelebt werden. (Unausgesprochenes) Verbot der Mutter: »Werde nicht erfolgreicher, attraktiver, klüger als ich.« Oder: »Du darfst nicht entdecken, wer du wirklich bist, sonst wirst du mich verlassen.«

Die dunkle Geschichte rankt sich um das Gefühl, emotional ungeborgen zu sein. Sich ausgeliefert fühlen. Sich ungeliebt und ungewollt fühlen. »Die Welt ist kein freundlicher Ort.« Misstrauisch. Angst und Wut, weil man in seinem Wesen nicht angenommen wurde. Angst und Wut, weil man kein seelisches »Nest« hat und sich auch später schwertut, eines zu finden oder zu erkennen, wo eines sein könnte. Wird es gefunden, kann man es nicht annehmen.

Die dunkle Geschichte rankt sich um die Empfängnisfähigkeit. Nicht schwanger werden.

Die dunkle Geschichte ist mit der Anteilnahme verbunden, die ein Mensch für andere oder für die Welt an sich empfindet. »Mitgefühl hat schlimme Konsequenzen.«

Welche dunkle Geschichte auch im 4. Haus erzählt wird, sie ist immer mit Schmerz, Kränkung und Angst verbunden bis hin zum Trauma und mit Wut und Empörung bis hin zu Hass und Zerstörungsdrang, wenn wir tief genug schauen. Das 4. Haus ist der »Daimon, der uns treibt«. Im 4. Haus wird gefühlt, und Gefühl ist die Quelle all dessen, was wir wollen oder ablehnen, was uns interessiert oder nicht. Während das 1. Haus uns durch instinktive Antriebe bzw. körperliche Bedürfnisse motiviert, entstehen im 4. Haus die Lebensmotivationen, die uns als Lebenssinn und tiefster Wunsch antreiben. Das 4. Haus ist die Quelle aller Ziele, die wir über das 10. Haus umzusetzen versuchen. Lilith im 4. Haus ist wie eine schwere Last oder sogar ein Verbot, wenn es darum geht zu entdecken, was wir wirklich wollen. Im 4. Haus ist das Mutterbild und damit die Beziehung zu ihr. »Mutter ist die Welt für uns« (Liz Greene) – um die Mutter rankt sich eine dunkle Geschichte, die unsere Lebensquelle beeinträchtigt.

Die befreite Lilith im 4. Haus. Wenn das Lilith-Thema erkannt und angenommen wird entfaltet sich das kreative innere Potenzial. Die innere Quelle beginnt zu fließen, die Gefühle werden frei. Die wirklichen Wünsche werden bewusst und können ihren Ausdruck im 10. Haus finden. Statt ungeeigneter Strategien werden Wege gewählt, auf denen man das verwirklichen (10. Haus) kann, worum es aus tiefster Seele geht (4. Haus). Die an der IC/MC-Achse angezeigten Lebensthemen beginnen zu blühen. Das ganze Leben, Fühlen, Handeln, Wahrnehmen, der Selbstbezug, alles dies erhält hier eine neue, frische Lebensgrundlage.

Die Innen-/Außenwahrnehmung gleicht sich aus. Man beginnt, die guten Eigenschaften, die andere an einem wahrnehmen, selbst ebenfalls wahrzunehmen. Negative Gefühle sich selbst gegenüber verwandeln sich in eine gerechtere und liebevollere Selbstsicht.

Fühlen, Denken und Handeln greifen harmonisch ineinander. Wer sich leer fühlte, kann nun Gefühle empfinden und entdeckt seinen inneren Reichtum. Wer sich nur schwer erinnern konnte, wird feststellen, dass das Erinnerungsvermögen wächst. Erinnerungen können anders und neu gesehen und eingeordnet werden. Erinnerungen als innere Stärke für Selbsterkenntnis, Entscheidungsfähigkeit und die Bereitschaft, hinauszugehen und sein Leben in die Hand zu nehmen.

In der dunklen Geschichte mit der Mutter kann sich eine Wende abzeichnen – innerlich oder äußerlich im direkten Kontakt.

Die Quelle des 4. Haus als Grundlage gelebter Erotik und Lebensfreude (5. Haus) beginnt zu sprudeln. Die Hingabefähigkeit wächst. Energie wird frei, die durch die dunkle Geschichte blockiert war. Gelang eine Schwangerschaft bisher nicht, kann sie nun möglich werden.

Lilith im 5. Haus

Das 5. Haus: Handeln als Ausdruck dessen, was im 4. Haus gefühlt wird. Die Freisetzung der inneren Energie. Wie wir unsere Kraft und Vitalität ausleben. Die schöpferische Kraft und konkret gelebte Kreativität. Das freie innere Kind ausleben. Lebensfreude empfinden und danach handeln. Das Herz im Handeln ausdrücken. Authentisch handeln. Sich selbst lieben (4. Haus) und diese Liebe durch das, was wir tun, nach außen strömen lassen.

Der Vater bzw. das Vaterbild. Der Vater als Vorbild dafür, wie man das Leben in die Hand nehmen und handeln kann. Der Vater als Vorbild dafür, wie man im Leben aktiv werden und seine seelische Lebensenergie (4. Haus) freisetzen kann. Erotik und Sexualität als gelebte Ausdrucksform, der sexuelle Stil. Zeugungsfähigkeit.

Die dunkle Geschichte rankt sich darum, ob man aus sich herausgehen und so handeln kann, wie es dem eigenen Innern entspricht (4. Haus) bzw. welche Folgen das hat. »Wenn ich das tue, was für mich stimmt, werde ich gemaßregelt.« »Wenn ich so handle, wie es für mich stimmt, werde ich bestraft.« »Ich darf nicht lebendig sein.« »Ich darf mein freies inneres Kind nicht herauslassen.« »Ich habe Angst, etwas falsch zu machen.«

Die dunkle Geschichte ist mit Scham und Wut verbunden. »Immer bin ich schuld.« Heimlich handeln. Man wurde als Kind für etwas, das man getan hat, ungerecht und hart bestraft. Alles, was man später als Erwachsener als ungerecht einstuft, wird zum Reizthema, gegen das man sich unter allen Umständen wehren muss. Wenn Lilith ausgelöst ist, kann ein kaum zu bändigender Wunsch auftreten, etwas Verbotenes zu tun. Magisch angezogen vom Verbotenen. Wissen, dass etwas nicht richtig ist und einen starken Drang verspüren, es zu tun. »Jetzt erst recht!«

Das Bedürfnis, seine Kraft und Vitalität auszuleben, wird weitgehend unterdrückt. Man begrenzt sich nun selbst in seiner Lebensfreude. Harte Arbeit kann zum Ersatz für freudig gelebtes Leben werden. Die Beschäftigung mit kreativen Themen, mit Musik, Literatur, Kunst, Design usw. kann helfen, die unterdrückte Energie zu kanalisieren. Sport als Möglichkeit, Energie freizusetzen.

Die dunkle Geschichte rankt sich um den Vater. Intensive und schmerzliche Beziehung zum Vater. Verlust des Vaters oder ein belastendes, negatives Vaterbild. Dramatische Erfahrungen mit dem Vater prägen den Lebensweg, wie man handelt, welche Entscheidungen man trifft und was man unbedingt vermeiden will.

Die dunkle Geschichte rankt sich um sexuelle Übergriffe durch den Vater oder eine Vaterfigur.

Gefühlsverletzungen durch den Vater lösen Angst, Wut, Rebellion und oft auch Scham aus. »Richtig« handeln – wird zu einem wunden

Punkt. Kritik am Handeln reaktiviert den wunden Punkt und löst Wut aus. Seelische und/oder körperliche Härte durch den Vater. Die Angst vor Strafe hält die Angst vor falschem Handeln und Schuldgefühle wach. Dem Vater etwas beweisen wollen.

Niederlagen und Schicksalsschläge, die man einstecken muss, lösen Schuldgefühle aus. »Das habe ich mir selbst zuzuschreiben.« Alternativ oder parallel hat man das Gefühl, vom Leben ungerecht behandelt zu werden. Niederlagen und Schicksalsschläge reaktivieren den alten Schmerz, vom Vater ungerecht behandelt worden zu sein.

Steht der Mond z. B. im 7. Haus und Lilith im 5. Haus, werden andere abgeblockt, wenn sie den wunden Punkt berühren oder wenn man glaubt, sie würden einen kritisieren. Man »versteckt« sich.

Die dunkle Geschichte verhindert, dass Gefühle und Liebe spontan und authentisch gezeigt werden können. Gefühlserstarrt. Die Härte gegen sich selbst wird zu einer Härte im Umgang mit anderen. Nähe nur schwer zulassen können.

Die dunkle Geschichte beeinträchtigt die eigene Strahlkraft und Lebensfreude, die Fähigkeit, das Leben aktiv und freudig in die Hand zu nehmen. Der Lebenswille ist geschwächt. Gründe sind Versagensängste oder die Angst, etwas falsch zu machen. »Es darf keinen Spaß machen.« »Wenn es Spaß macht schlägt das Schicksal zu.« »Ich darf mich nicht gehen lassen.« Unter seinen Möglichkeiten leben. Angst und unbändige Sehnsucht danach, auch mal über die Stränge zu schlagen. Das innere Feuer kontrollieren.

Die dunkle Geschichte rankt sich darum, dass man sich in der Familie an den Rand gedrängt fühlte. Eine andere Person (z. B. Bruder oder Schwester) steht im Zentrum der Aufmerksamkeit (besonders wenn der Mond im 2., 3. oder 7. Haus steht). »Ich bin nicht wichtig.« »Jemand anders ist wichtiger als ich.«

Die dunkle Geschichte erzeugt das Gefühl, immer alles allein machen zu müssen (besonders wenn der Mond im 2. oder 7. Haus steht). »Ich bekomme keine Unterstützung und muss den Karren immer allein ziehen.« »Allein auf weiter Flur.«

Die dunkle Geschichte rankt sich um die konkret gelebte Kreativität. Im 4. Haus eines Menschen mag eine Fülle an kreativen Ideen vorhanden sein, aber diese Ideen dürfen nicht realisiert werden. Oft besteht ein – oft unausgesprochenes – Verbot des Vaters: »Werde nicht erfolgreicher, stärker, klüger als ich.«

Die dunkle Geschichte hat mit Sexualität zu tun. Sexuelle Verhaltensweisen, die über das »Normale« hinausgehen, können besonders reizvoll sein bzw. eine magische Anziehungskraft ausüben. In der Sexualität keine Gefühle zulassen wollen. Sexuelle Erregung leben, ohne echte Leidenschaft für die Partnerin oder den Partner zuzulassen. Alternativ war Sexualität in der Familie ein Tabuthema. Sexualität wird daher ausgeklammert oder so gelebt, dass sie nicht den wahren Bedürfnissen entspricht.

Die dunkle Geschichte hat mit der Unfähigkeit zu tun, ein Kind zu zeugen.

Die dunkle Geschichte hat mit der Unfähigkeit zu tun, ein Kind bis zur Geburt auszutragen, (vorzeitiger Abgang).

Welche dunkle Geschichte auch im 5. Haus erzählt wird, sie ist immer mit Schmerz, Kränkung und Angst verbunden bis hin zum Trauma und mit Wut und Empörung bis hin zu Hass und Zerstörungsdrang, wenn wir tief genug schauen. Das 5. Haus ist das Haus, in dem wir Lebensfreude ausdrücken und leben können. Das ist immer dann der Fall, wenn unser Handeln authentisch mit den Motivationen und Sehnsüchten des 4. Hauses übereinstimmt. Lilith im 5. Haus sagt: »Fühlen darfst du vielleicht, aber so handeln, wie du fühlst, darfst du nicht.«

Die befreite Lilith im 5. Haus. Wenn das Lilith-Thema erkannt und angenommen wird, entfaltet sich die natürliche Fähigkeit, Gefühle spontan zu zeigen. Liebe, Freude, Begeisterung werden nicht mehr zurückgehalten und können ohne regulierende Maßnahmen und Kontrolle geäußert werden. Das Handeln wird ein authentischer Ausdruck dessen, was man fühlt. Es wird zum Ausdruck des wahren Willens (4. Haus). Die Lebensenergie kann frei nach außen fließen und sich produktiv betätigen. Die Kreativität der inneren Quelle (4. Haus) findet ihren Ausdruck im Handeln und Realisieren von Projekten und Plänen. Die Strahlkraft der Persönlichkeit beginnt zu wachsen. Man strahlt echte Autorität und Souveränität aus. Sich am Leben freuen können, spielen und Spaß haben können. Die Sexualität wird frei von Vorstellungen und kann sich spielerisch-erotisch entfalten.

In der dunklen Geschichte mit dem Vater kann sich eine Wende abzeichnen – innerlich oder äußerlich im direkten Kontakt. Wenn ein Mann unfähig war, ein Kind zu zeugen, kann es jetzt möglich werden.

Lilith im 6. Haus

Das 6. Haus: Gefühlsausdruck. Der Teil der Gefühle und Motivationen (4. Haus), der nach außen gezeigt wird. Was andere von den eigenen Gefühlen und Motiven wahrnehmen können. Die Fähigkeit, sich anzupassen. Sich an den Gegebenheiten »aussteuern«: Während man im 5. Haus einfach spontan handelt, werden im 6. Haus Gefühle und Motive unter Berücksichtigung der Bedingungen gezeigt. Kluges und vorsichtiges Verhalten. Die mögliche Reaktion der Außenwelt wird einkalkuliert. Sich anpassen bedeutet auch sich einordnen: den Rahmen finden, in dem man leben kann, muss oder möchte.

Begrenzung von Zukunftsängsten durch Vorausschau. Das Verhalten ist darauf ausgerichtet, sich sicher zu fühlen. Genaue Beobachtung, zum einen, um sich zu schützen, und zum anderen, um optimale Leistungen zu erzielen. Geschicklichkeit, Reflexe. Sich so verhalten, dass das bestmögliche Ergebnis bei geringst möglichem Aufwand und Risiko erreicht wird.

Der persönliche Freiraum, der an den Freiraum der anderen grenzt (Übergang zum 7. Haus). Seinen Platz finden, wissen, wohin man gehört, und sich dort so einfügen, dass es für einen selbst und die anderen passt.

Die Fähigkeit, eine Atmosphäre aufbauen zu können. Sich so verhalten und Informationen so weitergeben, dass eine Atmosphäre erzeugt wird.

Im Gegensatz zu den kardinalen und fixen Häusern können wir in den beweglichen Häusern nichts verstecken, denn ihr Wesen liegt in der Darstellung nach außen. Sie sind eine mehr oder weniger freiwillige Erklärung, wer wir auf der körperlichen (3. Haus), seelischen (6. Haus), geistigen (9. Haus) und auf der überpersönlichen Ebene (12. Haus) sind. Die beweglichen Häuser können sowohl als authentischer Selbstausdruck dessen genutzt werden, was man tatsächlich fühlt und will (4. Haus), als auch, um eine Rolle zu spielen, die einem erfolgsversprechend erscheint. Außerdem kann man eine Rolle bewusst übernehmen: etwas repräsentieren.

Die dunkle Geschichte rankt sich um den Zwang, sich anpassen zu müssen. Eltern und Geschwister haben kein Interesse an dem, was man fühlt, will oder wie es einem geht. Sich zurücknehmen müssen. Nicht auffallen dürfen. Unauffälligkeit wird zur zweiten Haut. »Sei lieb!« »Lass dir nicht einfallen zu meckern!« »Sei brav!« »Nimm dich zurück!« Sich machtlos fühlen. Tun was die anderen wollen. Sich anpassen, um die Liebe der Eltern und/oder der Geschwister zu gewinnen.

Offen ausgesprochene oder stumme Kritik an der Art, wie man sich gibt. »Mach dich nicht so breit!« »Du gehörst nicht hierher.« »Für dich ist hier kein Platz!« Angst, auch mal über die Stränge zu schlagen, selbst wenn es Spaß machen würde. Mit dem Gefühl leben, dass man sich lebenslang an die Grenzen halten muss, die einem früher einmal gesteckt wurden. »Ich darf nur das tun, womit sie einverstanden sind.« »Wenn ich nicht tue, was sie wollen, werde ich bestraft oder es passiert etwas Schlimmes.« »Ich habe keinen eigenen Platz.« »Ich muss mich immer nach der Decke strecken.« »Überall stoße ich an Grenzen.« »Wenn ich versuche, mal etwas für mich zu tun, geschieht etwas, wofür ich mich schämen muss oder was mir Angst macht.«

»Ich habe Angst davor, zu sagen, wie es mir geht und was ich mir wünsche.« »Wenn ich sage, wie es mit geht und was ich mir wünsche, werde ich falsch verstanden oder bestraft.« Übervorsicht und Verbergen von Gefühlen. Sich nicht mitteilen, nicht in sich hineinschauen lassen, um nicht das zu erleben, wovor man sich fürchtet. Gefühle zeigen hatte dramatische Konsequenzen. Pflegeleicht sein müssen. Sich als nützliches Objekt für die Ziele der anderen fühlen. Lieb sein müssen. »Egal was ich tue, niemand interessiert sich dafür.« »Ich passe nicht ins System.« Starker Drang, sich zu rechtfertigen. Nach einer Autorität suchen, die einem die Erlaubnis gibt.

Aufgrund der dunklen Geschichte fühlt man sich gezwungen, immer vorsichtig zu sein. Alles vorausberechnen wollen. »Ich muss extrem vorsichtig sein und heute schon wissen, was morgen geschehen wird, sonst geschieht etwas Schlimmes.«

Die dunkle Geschichte bewirkt, dass man zum Heuchler wird wie Molières Tartüff. Man spielt die Rolle, von der man sich den meisten Erfolg erhofft. Auch: »Sein Fähnchen nach dem Winde hängen.« Unehrlichkeit als Selbstschutz und vermeintliche Erfolgsgarantie.

Dir dunkle Geschichte hat mit Unehrlichkeit, Täuschungsmanövern und Heuchelei im frühen familiären Umfeld zu tun, durch die man sehr verletzt und benachteiligt wurde. Die dunkle Geschichte kann bewirken, dass man selbst die Dinge beschönigt, eine heile Welt vorgaukelt oder Informationen verheimlicht oder verdreht.

Die dunkle Geschichte bringt den Menschen dazu, Raubbau mit seinen Energien und Ressourcen zu treiben, statt sie gut einzusetzen.

Die dunkle Geschichte hat damit zu tun, dass man in einer Atmosphäre der Angst aufgewachsen ist. Gründe können konkrete Anlässe sein, aber sehr häufig sind es auch Ängste und Begrenzungen, die durch Vorstellungen entstehen (»Schuster, bleib bei deinen Leisten.« »Wer hoch fliegt, wird abstürzen.« »Lieber der Spatz in der Hand als die Taube auf dem Dach.« »Ich muss bescheiden sein.«

Die dunkle Geschichte bringt den Menschen dazu, übermäßig zu beobachten oder umgekehrt ist die Beobachtungsfähigkeit eingeschränkt, was Ängste auslöst und an negative Erfahrungen erinnert.

Die dunkle Geschichte hat damit zu tun, dass man sich als ungeschickt erlebt und deshalb immer wieder negative Erfahrungen macht, besonders auch durch die Reaktionen und Kommentare anderer Menschen. Es gelingt nicht, angemessen zu reagieren, wenn eine Situation eine reflexhaft-schnelle Reaktion verlangt. Man braucht Zeit, um Situationen und ihre Anforderungen einzuschätzen oder es gelingt nicht gut.

Die dunkle Geschichte hat damit zu tun, dass man seinen Platz nicht findet. »Ich weiß nicht, wohin ich gehöre.«

Friedensreich Hundertwasser ist ein Beispiel für den frühen, schmerzvoll erlebten Zwang, sich unauffällig zu verhalten und das Beste aus den Bedingungen zu machen. Sein Vater, ein arbeitsloser Ingenieur, starb 1929, als er ein Jahr alt war. Seine Mutter erzog ihn allein. Es war die Zeit des Dritten Reiches, in der Friedrich Stowasser, wie sein Geburtsname lautet, und seine jüdische Mutter großen Gefahren ausgesetzt waren. Nach dem Einmarsch der Deutschen 1938 in Wien wurde Friedrich zum »Halbjuden« gestempelt. Friedrich trat in die Hitlerjugend ein, wodurch es ihm gelang, seine jüdische Mutter zu retten und die Verschleppung seiner Großmutter und Tante zu verzögern. Neunundsechzig Verwandte mütterlicherseits wurden von den Nationalsozialisten wegen ihrer jüdischen Herkunft in Vernichtungslager deportiert. »Ich war Halbjude und Mitglied der Hitlerjugend. Und das ist nicht so paradox gewesen, wie es heute klingen mag. Es war eine Überlebensnotwendigkeit«, schrieb Hundertwasser, dessen voller Wahlname Friedensreich Regentag Dunkelbunt Hundertwasser lautet. »Ich wurde zum Einzelgänger, zum Kämpfer für bestimmte Anliegen, die mir wichtig erschienen.« Die Erfahrung, nur durch Vernunft (6. Haus) überleben zu können (der Mond herrscht über den Aszendenten) brachte in Hundertwasser die schönsten, buntesten Bilder und echte Anliegen (Mond im 8. Haus) zum Blühen.

Welche dunkle Geschichte auch im 6. Haus erzählt wird, sie ist immer mit Schmerz, Kränkung und Angst verbunden bis hin zum Trauma und mit Wut und Empörung bis hin zu Hass und Zerstörungsdrang, wenn wir tief genug schauen. Das 6. Haus stellt den Übergang zum 7. Haus, dem Haus der Begegnungen und des Kontakts zur Umwelt, dar. Was im 6. Haus vor sich geht, prägt in hohem Maße, wie wir mit anderen Menschen und allem, was von außen auf uns zukommt, umgehen.

Die befreite Lilith im 6. Haus. Wenn das Lilith-Thema erkannt und angenommen wird, entfaltet sich die natürliche Anpassungsfähigkeit an andere Menschen, Situationen und Bedingungen – nicht zu viel und nicht zu wenig. Das natürliche Gespür dafür, was möglich ist und was nicht, entwickelt sich, ebenso die Gabe, zu erkennen, was es braucht, um Dinge in Gang zu bringen und ihnen einen möglichst reibungslosen Verlauf zu verschaffen. Eine besondere Lebensgeschicklichkeit zeigt sich, mit deren Hilfe die Umstände im Rahmen des Möglichen optimal genutzt werden können.

Was anderen an Gefühlen und Selbstausdruck gezeigt wird, ist authentisch und richtet sich nach der inneren Wahrheit. Im beweglichen Haus wird nicht alles demonstriert, was im kardinalen Haus enthalten ist, aber was gezeigt wird, soll der Wahrheit entsprechen. Der Umgang mit der eigenen Energie und mit Ressourcen ist dem Möglichen angepasst. Grenzen werden eingehalten, wenn nötig, und überschritten, wenn möglich.

Lilith im 7. Haus

Das 7. Haus: Begegnung, Umwelt, Außenwelt. Außenbeziehungen. Das Partnerbild. Welche Art von Menschen, Ereignissen und Orten uns anziehen. Wofür wir offen sind. Was uns auffällt und uns gefällt oder abstößt.

Das Denken bzw. die Inhalte unseres Denkens, die bewirken, dass wir bestimmte Menschen, Situationen und Dinge anziehend oder abstoßend finden oder sie uns gar nicht auffallen.

Die dunkle Geschichte rankt sich um schmerzvolle Erfahrungen, die mit anderen Menschen gemacht wurden – Partnern, Freunden, Bekannten, Fremden, Kollegen. Andere sind einem sehr wichtig, aber es fällt schwer, sich zu öffnen und ihnen ohne Vorurteile zu begegnen. Misstrauen und Selbstschutz verhindern, dass eine offene, liebevolle Beziehung entstehen kann. Das Herz schließen, sich schützen. Große Sehnsucht nach Beziehung bis hin zur Beziehungssucht. Beziehung wollen und sie nicht leben können. Sex ohne Gefühl als mögliche Lösung für Nähe ohne Intimität. Scheinharmonie leben.

Die dunkle Geschichte rankt sich um Erfahrungen, die wir mit Ereignissen und/oder Orten gemacht haben. Sich schützen wollen vor dem Leben. Die seelische Anspannung löst Rastlosigkeit und kreisende Gedanken aus.

De dunkle Geschichte wird generell in dem erlebt, was von außen auf einen zukommt wird. Das Leben mit seinem Auf und Ab löst die dunkle Geschichte aus, hält sie permanent wach.

Die dunkle Geschichte ist mit der Angst verbunden, alleingelassen oder verlassen zu werden. Wenig Zugang zu den eigenen Gefühlen, wenn kein Gegenüber vorhanden ist, in dem man sich finden kann. Gefühle abspalten, sodass man sie nicht empfinden muss. Neigt dazu, Menschen danach auszuwählen, ob sie in der Lage sind, einem die Gefühle und Stimmungen zu verschaffen, die gerade guttun. Beziehungen werden »utilisiert« – genutzt, um Gefühle empfinden zu können, von denen man sich aufgrund der dunklen Geschichte abgekoppelt hat. Persönliche Beziehungen leben, ohne sich wirklich einzulassen.

Die Partnerin, der Partner oder ein anderer Mensch bringt eine dunkle Geschichte in das Leben ein. Diese Geschichte löst etwas Wichtiges aus, weil sie zentrale eigene Themen aktiviert.

Traumatisiert durch das, was man mit anderen erlebt. Natascha Kampusch, deren Lilith an der Spitze des 7. Hauses steht, ist ein eindrückliches Beispiel dafür, wie ein anderer Mensch eine traumatische, dunkle Geschichte auslösen kann. Die damals zehnjährige Natascha Kampusch wurde 1998 auf dem Weg zur Schule von dem arbeitslosen Nachrichtentechniker Wolfgang Priklopil entführt. Er hielt sie 3096 Tage lang gefangen, bis sie am 23. August 2006 fliehen konnte.

Im Horoskop des investigativen Journalisten Günter Wallraff stehen Mond und Lilith im 7. Haus. Bekannt wurde Walraff, weil er aufsehenerregende Reportagen über die Machenschaften einiger Großunternehmen, die BILD-Zeitung und andere Institutionen veröffentlichte. Mit fünf Jahren musste Wallraff einige Zeit in ein Waisenhaus, weil sein Vater infolge seiner Arbeit in der Lackiererei von Ford schwer erkrankte. Wallraff nannte die Lackiererei später »Lackhölle« – das Misstrauen gegen die Welt draußen (7. Haus) war geboren. Mit dem Lilith-Gespür für Schlechtes, für Schwachstellen, für das, wovor man sich hüten muss (Mond und Lilith im 7. Haus) wusste Wallraff genau, wo er suchen und wie er ansetzen musste, um die dunkle Geschichte in den Machenschaften anderer aufzudecken.

Welche dunkle Geschichte auch im 7. Haus erzählt wird, sie ist immer mit Schmerz, Kränkung und Angst verbunden bis hin zum Trauma und mit Wut und Empörung bis hin zu Hass und Zerstörungsdrang, wenn wir tief genug schauen. Da die dunkle Geschichte mit anderen Menschen verbunden ist, hat sie große Auswirkungen in unseren Partnerschaften und zwischenmenschlichen Beziehungen. Wir müssen uns darüber klar werden, was wir wirklich von anderen und in Beziehungen wollen (Mond und IC). Immer wenn Lilith in einem kardinalen Haus steht (1., 4., 7. und 10. Haus) prägt sie die Entfaltung des gesamten folgenden Quadranten. Im 7. Haus wirkt die dunkle Geschichte der Lilith in unsere Bindungen hinein (8. Haus) und in unser Leben im sozialen Umfeld (9. Haus).

Die befreite Lilith im 7. Haus. Wenn das Lilith-Thema erkannt und angenommen wird, entfaltet sich das natürliche Potenzial zu wertvollen Begegnungen und liebevollen Beziehungen. Man wird offen für andere und sieht mehr als das, was sie zeigen. Gefühle können gefühlt werden, auch ohne andere dafür zu benutzen. Man beginnt, auch die Wahrheit anderer zu begreifen und kann sich zunehmend in sie einfühlen. Vertrauen und Hingabefähigkeit entwickeln sich. Die Fähigkeit, sich dem Leben zu öffnen und mit seinen Wechselfällen umzugehen, wächst. Eindrücke von außen werden nicht mehr hauptsächlich als problematisch, kränkend oder bedrohlich eingestuft. Es entsteht ein gesundes Gespür dafür, wem man vertrauen kann und welche Bedürfnisse und Motivationen andere Menschen antreiben. Die Welt wird immer mehr als etwas erlebt, das mit seinen vielen dunklen und hellen Facetten neugierig macht.

Lilith im 8. Haus

Das 8. Haus: Werte und Bewertungen. Vorstellungen, Meinungen. Ideen, Ideale; Urteile, Vorurteile. Bindungen, Verträge, Ehe. Der Familienclan. Die Sippe und die Wertvorstellungen der Sippe. Der Tod. Das definitive Ende. Geistige Prinzipien, die über den Tod hinaus bestehen. Erbe. Vererbung (genetisch). Sexualität als Fortpflanzung zur Erhaltung der Art. Das Erbe, das wir hinterlassen. Leistungsanforderungen und Leistungsvorstellungen. Selbstüberwindung. Über sich hinausgehen. Gewalterfahrungen, Missbrauch. Schuld und Sühne.

Religiöse Vorstellungen, Jenseitsvorstellungen. Die Lebensphilosophie. Da das 8. Haus sich um das dreht, was ein Mensch glaubt und wovon er überzeugt ist, ist es ein besonders machtvolles Haus (»Es geschehe euch nach eurem Glauben«, Matthäus 9,29).

Die dunkle Geschichte rankt sich darum, dass das Kind in Vorstellungen gepresst wurde, die es verletzten und die es nicht erfüllen konnte oder nur unter Selbstaufgabe. Es wurde für die »richtigen« Leistungen geliebt, nicht für seine Existenz und sein Menschsein. Was zählte, war den Vorstellungen zu entsprechen, ungeachtet dessen, was es fühlte. Die Eltern einer Frau mit Lilith im 8. Haus stellten eine Esszimmergarnitur in ihr kleines Kinderzimmer, das damit völlig ausgefüllt war, »für später einmal«. Nun konnte es sich in seinem Zimmer nicht mehr richtig bewegen und spielen, denn es durfte die Möbel auch nicht zum Spielen nutzen.

Da es kaum möglich ist, so zu sein, wie andere es erwarten, entstehen Überzeugungen wie: »Ich genüge nicht.« »Ich muss so sein wie du es von mir willst, sonst akzeptierst du mich nicht.« »Ich muss etwas leisten, das über meine Kraft geht, sonst gelte ich nicht.« »Ich werde nicht so respektiert und geachtet wie ich bin.« »Ich muss mich verbiegen, um ›richtig‹ zu sein.« »Ich bin nicht ok.« Diese Überzeugungen bestimmen auch später das Selbstbild und werden in festen Beziehungen wieder erlebt. Man misst man sich an überzogenen Maßstäben und stellt nicht erfüllbare Leistungsanforderungen an sich, um doch noch so etwas wie Anerkennung und Zuneigung zu bekommen. Der Schmerz bringt den Menschen dazu, sich in Vorstellungen zu verrennen. In festen Beziehungen nicht gut mit sich umgehen. Gegen das eigene Gefühl handeln.

Man glaubt, bestimmte Dinge müssten unbedingt sein und andere dürften nicht sein, damit der Schmerz nachlässt, damit es gut sein kann. Das Empfinden, negativ bewertet und nicht als Mensch gesehen zu werden, mündet in der Überzeugung: »Ich schaffe es nicht.« »Ich bin zu schwach.« »Ich kann tun, was ich will, die Tür ist zu.«

Lilith im 8. Haus kann dazu antreiben, Leistungen um jeden Preis erfüllen zu müssen, die Erlösung versprechen. Diese Leistungen sind als konkrete Ziele getarnt, obwohl das eigentliche Ziel ist, doch noch seinen Wert zu beweisen (berufliche Ziele, sportliche Ziele, erfolgreich sein, beliebt sein, bekannt werden, schön sein …). Diese Ziele sind oft nur erreichbar, wenn man in lebensfeindlicher Weise über seine Grenzen geht. Sich beweisen müssen. »Ich muss mich bis zum Äußersten überwinden.« »Leistung bis zum Zusammenbruch.« Im Extremfall gilt etwas nur, wenn es mit äußerster Selbstüberwindung verbunden ist.

Der weltberühmte Tänzer Fred Astaire war wie kaum ein anderer seines Fachs in der Lage, die Gegebenheiten optimal einzuschätzen. Seine Geschicklichkeit, über Treppen und durch den Raum zu tanzen und dabei völlig mühelos zu wirken – so als habe er niemals üben müssen –, ist legendär: Mond und Sonne stehen in seinem Horoskop im 6. Haus. Lilith im 8. Haus zeigt dagegen ein weit weniger müheloses Gesicht: Sie erklärt den extremen Perfektionsdrang, mit dem Astaire seine Leistungen vervollkommnete. Der Drang, »makellos« zu sein, trieb ihn massiv an. Üben, üben, üben und zum Inbegriff leichtfüßiger Perfektion werden, das war sein größter Wunsch: Lilith steht in enger Konjunktion mit Mars im 8. Haus. Mars herrscht über das 4. Haus

(Widder-IC) und zeigt an, was Fred Astaire aus tiefster Seele wollte: Perfektion, um zu genügen, um sich behaupten zu können. Auf diese Weise konnte er auch seinen Platz im Leben finden (Mond im 6. Haus).

Die dunkle Geschichte hängt mit Vorurteilen zusammen, mit denen man immer wieder konfrontiert, ist. »Es ist leichter, einen Atomkern zu spalten als ein Vorurteil.« (Albert Einstein) Auf schmerzhafte Weise mit Kritik konfrontiert sein. Gleich, ob diese Kritik offen ausgesprochen wird oder stumm im Raum steht, man hat keine Chance, sich zu rechtfertigen oder Irrtümer zu berichtigen.

Die dunkle Geschichte hängt mit fixen Ideen zusammen, die sich schon in der Kindheit entwickelt haben. Die Grundangst in der dunklen Geschichte lautet: »Ich genüge nicht.« Im Horoskop von Michael Jackson steht Lilith im 8. Haus. Seine dunkle Geschichte rankte sich darum, was er als schön und nicht schön bewertete. Aufgrund seiner Vorstellungen ließ er sich sein Gesicht so oft operieren, dass die Knochen nicht mehr stabil waren und sein Gesicht buchstäblich begann, auseinanderzufallen. Doch seine Selbstbewertungen waren so extrem, dass er nicht aufhören konnte.

Die dunkle Geschichte ist mit dem »Bonding« verbunden, dem Gelingen oder Misslingen der ersten, verlässlichen Bindung an die Mutter. Auf dieser ersten Bindung baut das Vertrauen in sich selbst, andere Menschen und in das Leben auf. Große Sehnsucht nach Treue und Zuverlässigkeit. Unzuverlässigkeit und Treulosigkeit in Bindungen werden als etwas sehr Persönliches erfahren: »Du stehst nicht zu mir.« »Du hast mich verraten.«

Die dunkle Geschichte ist mit einer starken Angst vor Kontrollverlust verbunden, weil man fürchtet, machtlos, hilflos und ausgeliefert zu sein. Man kann nicht glauben, dass man ohne Grund geliebt werden kann, und muss deshalb alles unter Kontrolle halten.

Die dunkle Geschichte tritt immer auf, wenn man sich an einen Menschen bindet. Feste Bindungen sind mit einer dunklen Geschichte verbunden, die in bestimmten Phasen große Ängste, Verzweiflung, Scham und auch Empörung wachrufen. Verrat und Treulosigkeit sind prägende Erfahrungen, die sich im Laufe des Lebens wiederholen. Große, schmerzhaft erlebte Sehnsucht danach, vertrauen zu können. Immer wieder Versuche starten, jemand zu vertrauen, und oft enttäuscht werden.

Die dunkle Geschichte hat mit Verträgen, Vereinbarungen und dem Eheschluss zu tun. Der Vertragspartner hält sich nicht an die Abmachungen, bricht Vereinbarungen oder begeht einen Verrat. Sie macht sich immer dann bemerkbar, wenn es um feste Bindungen und langfristige Perspektiven geht.

Die dunkle Geschichte hat mit Vorstellungen und Werten zu tun, die von Generation zu Generation weitergegeben wurden.

Die dunkle Geschichte hat mit Vorstellungen über das Jenseits zu tun, die man von der Familie übernommen hat. Angst vor göttlicher Strafe. Angst, in die Hölle zu kommen.

Die dunkle Geschichte ist mit dem Tod verbunden. Tod und Verlust stellen das endgültige Ende jeder Bindung auf dieser Erde dar. Edith Piafs Horoskop und Leben ist Bilderbuchbeispiel für diese Lilith-Thematik. Wie unter Zwang Dauer suchen. Angst vor Veränderungen. »Für immer und ewig.« Im Leben immer wieder seelische Tode sterben müssen.

Die dunkle Geschichte rankt sich um den Abtreibungswunsch der Mutter – die gedachte oder tatsächlich versuchte Abtreibung.

Die dunkle Geschichte rankt sich um die Sippe und um die Wertvorstellungen, die dort vertreten werden. »Wenn ich nicht der gleichen Meinung bin und die gleichen Vorstellungen vertrete wie der Familienclan, werde ich verachtet oder bestraft.« »Ich gehöre entweder dazu, wenn ich es richtig mache oder nicht. Es gibt keine Freiheit, keine Grauzone.« »Wenn ich den Vorstellungen nicht entspreche oder anders denke, werde ich verachtet, verspottet, verfolgt oder ausgegrenzt.«

Die dunkle Geschichte hängt mit Familienritualen oder überhaupt mit Ritualen zusammen, die erschreckend und belastend waren.

Die dunkle Geschichte ist mit dem Erleben körperlicher, seelischer oder geistiger Gewalt verbunden.

Die dunkle Geschichte wird im Zusammenhang mit den Finanzen oder dem Finanzverhalten anderer erlebt. Finanzen sind in festen Beziehungen ein Thema, das die dunkle Geschichte wachruft.

Die dunkle Geschichte kann mit dem Erbe zu tun haben. Durch die negative Bewertung eines Elternteils wird das Kind enterbt.

Die dunkle Geschichte hat mit Gewalt und Missbrauch zu tun, die körperlich und/oder psychisch erlebt wurden.

Die dunkle Geschichte rankt sich um Schuld: Schuldgefühle, Bestrafungen, Angst vor Vernichtung. Sich gequält fühlen durch negative Bewertungen, Schuldgefühle und Bestrafungen.

Die dunkle Geschichte hat mit Idealen zu tun, die lebensfeindlich sind oder extrem gefährlich.

Welche dunkle Geschichte auch im 8. Haus erzählt wird, sie ist immer mit Schmerz, Kränkung und Angst verbunden bis hin zum Trauma und mit Wut und Empörung bis hin zu Hass und Zerstörungsdrang, wenn wir tief genug schauen. Mit Lilith im 8. Haus werden dem Menschen Vorstellungen übergestülpt, die weder seinem wahren Fühlen und Wollen noch seinen Werten entsprechen. Die Leistungslatte hängt hoch. Im 8. Haus geht es um die Wertvorstellungen, die in der Sippe galten und es geht um Bindungen – an einen Menschen, eine Bezugsgruppe, eine Firma, aber auch an Meinungen, eine Religion usw. Die dunkle Geschichte hat damit zu tun, wie diese Bindungen verlaufen und was ein Mensch erlebt und wie er bewertet wird, wenn er eine Bindung eingeht.

Die befreite Lilith im 8. Haus. Wenn das Lilith-Thema erkannt und angenommen wird, entfaltet sich die natürliche Fähigkeit, eigene, konstruktive Werte zu entwickeln, nach denen man sein Leben ausrichten möchte. Überzogene Maßstäbe, an denen man seinen Wert misst, und extreme Leistungsanforderungen, die man an sich gestellt hat, nehmen eine lebensfreundliche Form an. Man beginnt, gut und liebevoll mit sich umzugehen. Es sich selbst recht machen. Werturteile und Kritik anderer bei ihnen lassen können. Man erkennt, wo man selbst sich in eine Vorstellung verrannt hatte, und kann sie loslassen.

Die Fähigkeit zur Selbstüberwindung wird zu einer Gabe. Es fühlt sich leicht und selbstverständlich an, die eigene Meinung, Wertvorstellungen und Überzeugungen zu vertreten. Man kann die Werte anderer bei ihnen lassen, ohne sie auf sich zu beziehen. Das Selbstwertgefühl ist immer weniger von den Vorstellungen, Meinungen und Urteilen anderer abhängig.

Das Verhältnis zur Sippe kann sich verbessern. Bindungen, Verträge und Vereinbarungen können verlässlicher werden. Statt treuloser Menschen findet man treue, liebevolle. Der Umgang mit Meinungen und Glauben wird freier und entspannter. Schuldgefühle und die Angst vor Strafe lassen nach. Gleichzeitig wächst die Fähigkeit, mit den Veränderungen des Lebens zurechtzukommen, sie sogar schätzen zu können. »Stirb und Werde.« Neugeburten erleben. »Wie Phönix aus der Asche.« Der Tod verliert seinen Schrecken.

Die Vorstellungskraft wächst. Modelle und Theorien werden leicht verstanden. Ein angeborenes Organisationstalent kann besser genutzt werden. Werte, Bewertungen und Meinungen werden als relativ erkannt und bekommen einen neuen Stellenwert. Die Fähigkeit, Werte zu leben, mit denen man aus tiefster Seele übereinstimmt, wächst. Lilith im 8. Haus fragt: »Was ist wahr?« »Was fühlt sich *für mich* aus tiefstem Innerem als wahr und richtig an?«

Lilith im 9. Haus

Das 9. Haus: Die geistige Kommunikation. Was wir von unseren Gedanken, Meinungen und Überzeugungen mitteilen. Aus dieser Sicht die Lebensphilosophie und Religion, aber nur das, was wir darüber erzählen. Die tatsächliche Lebensphilosophie ist im 8. Haus. Religion als dargestellte Form: »Ich bin Christ und gehe in die Kirche.«

Wie wir im sozialen Umfeld auftreten und dort gesehen werden: In den beweglichen Häusern sind wir immer mit der Reaktion der Umwelt konfrontiert. Der Wunsch, im sozialen Umfeld beliebt und anerkannt zu sein. Die Fähigkeit, für gute Stimmung und eine positive Weltsicht zu sorgen. Andere inspirieren und mitreißen können.

Das gemeinsame Auftreten mit dem Partner. Die Rolle im sozialen Umfeld.

Im Gegensatz zu den kardinalen und fixen Häusern können wir in den beweglichen Häusern nichts verstecken, denn ihr Wesen liegt in der Darstellung nach außen. Sie sind eine mehr oder weniger freiwillige Erklärung, wer wir auf der körperlichen (3. Haus), seelischen (6. Haus), geistigen (9. Haus) und auf der überpersönlichen Ebene (12. Haus) sind. Die beweglichen Häuser können sowohl als authentischer Selbstausdruck dessen genutzt werden, was man tatsächlich fühlt und will (4. Haus), als auch, um eine Rolle zu spielen, die einem erfolgversprechend erscheint. Außerdem kann man eine Rolle bewusst übernehmen: etwas repräsentieren.

Die dunkle Geschichte rankt sich um ein negatives Feedback der Umgebung darauf, welche Gedanken, Meinungen und Vorstellungen ein Mensch mittteilt und wie er das tut.

»Wenn ich über das spreche, was mir wichtig ist, reagieren die anderen auf eine Weise, die mich verletzt.« »Wenn ich meine Meinung äußere, werde ich auf eine Weise kritisiert oder verlacht, die mich tief schmerzt und empört.« »Ich kann nicht offen und ehrlich sein.« »Ich werde nicht richtig verstanden.« »Ich darf nicht sagen was ich denke.« »Man wirft mir vor, ich sei eingebildet/wichtigtuerisch … .« Offen ausgesprochene oder stumme Kritik an dem, was man sagt, und welche Meinungen und Werte man nach außen vertritt.

Die dunkle Geschichte rankt sich um den dringenden Wunsch, beliebt und anerkannt zu sein und bewundert zu werden. Beliebt sein wollen um jeden Preis. Wenn andere nicht interessiert sind, wird das als schmerzhafte Ablehnung erfahren. »Ich bin nicht beliebt.« »Man lacht über das, was ich sage.« »Die Menschen im Club, beim Bäcker, im Supermarkt, im Büro, beim Friseur, bei einer Party haben etwas gegen mich.« »Sie nehmen mich nicht ernst.« »Man redet schlecht über mich.« Bei Mond im 10. Haus oder einer zusätzlichen Saturnbetonung ist einem schnell etwas peinlich. Ein positives Bild von sich entwerfen, um gut anzukommen, das nur mit Mühe aufrechterhalten werden kann. Darunter rumort die Angst, dass dieses Bild Schaden nimmt und dass man auch nur deswegen gut gefunden wird. Alternativ ziehen sich manche Menschen aus sozialen Aktivitäten zurück und lassen auch sonst wenig von ihren Meinungen heraus, obwohl sie sich danach sehnen.

Die dunkle Geschichte rankt darum, dass man seinem Wunsch nach ungezwungenem Beisammensein mit anderen nicht nachgeben kann. Im Horoskop von Prinz Charles steht der Mond im 10. Haus und Lilith im 9. Haus: Die gesellschaftliche Vorgabe für den Lebensstil (Mond im 10. Haus) erlaubt keine freie Meinungsäußerung, kein ungezwungenes Zusammenkommen mit anderen (9. Haus). Der im Mond angelegte Zwang zur Repräsentation (10. Haus) wird verstärkt, weil der Mond Herrscher des 12. Hauses ist: Prinz Charles muss auf der Bühne der großen Öffentlichkeit repräsentieren. Man muss den Formalitäten genügen, nicht dem, was einem ein Gefühl von Fülle und Horizonterweiterung verschafft.

Die dunkle Geschichte hat damit zu tun, dass man schon früh eine positive Atmosphäre schaffen musste, um zwischen den Eltern oder Geschwistern zu vermitteln. Michael Endes Mond steht im 11. Haus (Mond/Uranus – vermitteln) im Quadrat zur Achse 2/8. Der Wunsch, sein Eigenes hervorzubringen (Mond im 11. Haus) kann nur schwer in der Gemeinschaft gelebt werden (Achse 2/8). Diese Situation wiederholt sich in späteren festen Beziehungen. Michael Endes Eltern zankten sich permanent um die Finanzen. Seine Lilith im 9. Haus erzählt von der Mühe, die es ihn kostete, seine Eltern abzulenken und zu unterhalten. Michael Ende besaß ein unglaubliches Talent, etwas ganz Neues zu erdenken (MC im Wassermann, Uranus auf der Spitze des 12. Hauses: Konstellation Uranus/Neptun, das »Wundersame«), mit dem er Menschen half, in eine andere Welt einzutauchen. Lilith im 9. Haus brachte ihn dazu, das Wundersame in Buchform aufzuschreiben und es zu publizieren. Dieses Talent war für Michael Ende lebenslang mit Schmerz verbunden. In einem Interview 1983 erklärte er: »Es gab eine Zeit, da fragte man mich in jeder Diskussion nach der gesellschaftlichen Relevanz meiner Bücher. Selbst im Freundeskreis habe ich mich ununterbrochen rechtfertigen müssen, bis es mir schließlich zu dumm war und ich gesagt habe, lasst mir doch meine Ruh, ich verlange ja nicht, dass ihr meine Bücher lest, ich will auch niemanden belehren, ich will nur tun dürfen, was mir Spaß macht, und Bücher schreiben, die ich selbst gerne lesen würde. Wir leben heute in einem total ideologischen Zeitalter, in dem jeder glaubt, irgendwelche Botschaften verkünden zu müssen.« Eine perfekte Beschreibung von Lilith im 9. Haus! Eine positive Atmosphäre schaffen musste auch Hape Kerkeling mit Lilith im 9. Haus. Sein Horoskop finden Sie in diesem Buch.

Die dunkle Geschichte hat mit dem Glauben zu tun. Man will an einen Schöpfer glauben, tut sich aber schwer mit der Religion. Grund kann Verfolgung aus religiösen Gründen sein oder ein inneres Dilemma, das aus der Familiengeschichte resultiert.

Die dunkle Geschichte rankt sich um Meinungen und die Lebensphilosophie. »Es ist gefährlich, meine Meinung/meine Lebensphilosophie zu äußern, weil sie im Gegensatz zu dem steht, was die Menschen um mich herum denken oder was man zu denken hat.«

Die dunkle Geschichte rankt sich um Erfahrungen, die gemacht wurden, wenn ein Mensch gemeinsam mit anderen, die ihm wichtig sind, im sozialen Umfeld aufgetreten ist. »Wenn ich mich zusammen mit meiner Partnerin/meinem Partner (oder Freunden usw.) im sozialen Umfeld sehen lasse, werde ich schief angesehen.« Oder: »Ich werde im sozialen Umfeld meiner Partnerin/meines Partners abgelehnt.« »Meine Partnerin/mein Partner wird in meinem sozialen Umfeld abgelehnt.«

Welche dunkle Geschichte auch im 9. Haus erzählt wird, sie ist immer mit Schmerz, Kränkung und Angst verbunden bis hin zum Trauma und mit Wut und Empörung bis hin zu Hass und Zerstörungsdrang, wenn wir tief genug schauen. Die beweglichen Häuser sind wichtige Häuser, weil sie Schnittstellen nach draußen sind. Sie beschreiben, was andere von uns sehen und wie sie darauf reagieren. Im 9. Haus, dem Jupiterhaus, geht es unter anderem um eine positive Rolle, die man spielen will oder muss, und um das Wohlwollen und die Anerkennung der anderen, um den Gegenpol zu Saturn, der durch Grenzziehung und Regeln einschränkt. Im Jupiterhaus wird die Sehnsucht nach Meinungsfreiheit gefühlt, danach, sich frei bewegen und äußern zu können.

Die befreite Lilith im 9. Haus. Wenn das Lilith-Thema erkannt und angenommen wird, entfaltet sich das natürliche Potenzial, sich gut und authentisch im sozialen Umfeld zu bewegen. Man wagt sich heraus und steht vor anderen zu seinen Überzeugungen, statt sie zu verheimlichen oder dem anzupassen, was angesagt ist. Es wird immer leichter, seine Meinungen zu äußern oder überhaupt über Dinge zu sprechen.

Der Drang, beliebt zu sein, normalisiert sich. Die eigene positive Einstellung, die anderen vermittelt wird, bringt Sympathie ohne Stress ein. Die innere Freiheit, zu dem zu stehen, was man wirklich denkt, entwickelt sich.

Die kommunikativen Fähigkeiten wachsen. Gedanken können in ansprechende, inspirierende, oft sogar optimale Worte gefasst werden. Überlegungen und Meinungen anschaulich und lebendig vermitteln. Manche Menschen mit Lilith im 9. Haus entdecken ihre Fähigkeiten, zu lehren und zu unterrichten.

Lilith im 10. Haus

Das 10. Haus: Die Gesellschaft und ihre Regeln, Maßstäbe und Normen. Selbstbeschränkung und Disziplin im Sinne der gesellschaftlichen Maßstäbe.

Der Zeitgeist. Was zu einer bestimmten Zeit in einer bestimmten Kultur als Maßstab gilt. Das persönliche Verhältnis zum Zeitgeist, welche Rolle man darin spielt und spielen kann. Was ein Mensch tun kann, um in der Gesellschaft erfolgreich zu sein. Was gesellschaftlicher

Erfolg für einen Menschen bedeutet. Was ein Mensch an Bedeutungsvollem zum Leben beitragen kann. Der Staat. Das persönliche Verhältnis zum Staat und seiner Struktur. Das Verhältnis zu Autoritäten. Das geltende Recht.

Quelle (4. Haus) und Form (10. Haus): In welcher Form, auf welchen Wegen, mit welchen Strategien wir das erreichen können, was wir im 4. Haus aus tiefster Seele wollen. Über welche äußeren Zielsetzungen Selbstverwirklichung und innere Zufriedenheit gesucht werden.

Der Kompass: Wohin die Lebensreise gehen soll. Die im Außen angestrebten Ziele im Gegensatz zur inneren Motivation (4. Haus). Die sichtbare Form, die das Leben annimmt, wie die Krone eines Baums.

Die dunkle Geschichte rankt sich um das, was als gesellschaftlich adäquat gilt: was man tun muss und was man nicht tun darf. Maßstäbe, Regeln, Pflichterfüllung und das richtige Benehmen sind wichtiger als das Kind als Mensch mit seinen Gefühlen, Stimmungen und Nöten. »Ich muss mich zusammenreißen.« »Ich darf nicht schwach sein.« »Ich darf nicht so leben, wie es mit gefallen würde.« »Ich muss so sein, wie es die Gesellschaft von mir erwartet.« »Ich muss der gesellschaftlichen Rolle meine Familie genügen.« »Ich muss eine bestimmte gesellschaftliche Rolle übernehmen, obwohl ich es nicht will«. »Ich muss den gesellschaftlichen Ansprüchen meiner Mutter genügen.« »Die Welt ist ein Ort, an dem ich mich nicht frei entfalten kann.« (Siehe auch Prinz Charles, Kapitel »Lilith im 9. Haus.«)

Die dunkle Geschichte rankt sich darum, ob man die Ziele erfüllt, die von zu Hause vorgegeben wurden. In der Familie herrscht ein massiver gesellschaftlicher Ehrgeiz, der jedoch nicht befriedigt werden konnte. »Ich muss ein gesellschaftlich angesehener Mensch sein.« »Ich muss einen Beruf ausüben, der gesellschaftliches Ansehen mit sich bringt.« »Ich muss die Dinge besitzen und das tun, was gesellschaftliche Anerkennung bringt.« In der Familie herrscht massive Angst davor, was andere von einem denken.

Die dunkle Geschichte hat mit Maßregelung zu tun. Als Gegenwehr gegen den Schmerz später selbst andere maßregeln.

Die dunkle Geschichte hat damit zu tun, dass man nicht bekommt, was man braucht. Die Eltern richten ihr Gerechtigkeitsempfinden nach einem Maßstab aus, der für alle Geschwister gleich ist, unabhängig davon, welche Unterschiede zwischen ihnen bestehen und was jeder braucht. Das einzelne Kind und seine Bedürfnisse werden nicht berücksichtigt.

Die dunkle Geschichte rankt darum, dass man früh Verantwortung übernehmen musste: für sich selbst, für oft nur wenig jüngere Geschwister. »Das Kind als Erwachsener.« Mit einem Gefühl der Überforderung aufwachsen. Nicht Kind sein dürfen, nicht jung sein dürfen.

Die dunkle Geschichte rankt sich um eine disziplinierende, strenge Erziehung, bei der es wichtiger ist, es »richtig« zu machen und gesellschaftlich erfolgreich zu sein, als Herzensliebe zu zeigen. Gutes Benehmen zählt mehr als Wohlbefinden. Die Regeln befolgen ist wichtiger als Eigeninitiative. Man muss sich zusammenreißen. Ehrgeiz wird belohnt, Lebensfreude nicht. Maria Montessori, die Begründerin der wegweisenden Montessoripädagogik, hat in ihrer Lebensarbeit Mond und Lilith perfekt umgesetzt: Der Mond steht im Radixhoroskop am IC – das tiefe Mitfühlen mit dem Kind und der große Wunsch, selbst auch Kind sein zu dürfen. Lilith steht im 10. Haus – aus diesem Wunsch wurde eine richtungsweisende Erziehungsform. Maria Montessori wurde streng erzogen. Disziplin und Ansehen rangierten für die Mutter, Tochter einer Gutsbesitzerfamilie, ganz oben. Aus der schmerzvoll erlebten Kindheit entstand eine Pädagogik, die größten Wert darauflegt, die Rechte des Kindes zu wahren und den Erwachsenen Verständnis für das Kind zu vermitteln.

Die dunkle Geschichte ist mit dem Zeitgeist verbunden. Man passt nicht in den Zeitgeist, kann den Zeitgeist und die geltenden Normen nicht akzeptieren, hat gesellschaftliche Nachteile, wird gesellschaftlich ausgeschlossen oder verfolgt. Die Mutter oder die Familie hat einen schlechten gesellschaftlichen Ruf. Die Lilith des vierfachen Weltmeisters Muhammad Ali im 10. Haus zeigt, dass seine Geschicklichkeit im

Boxen ihm dazu verhalf, Ruhm, Ehre und Reputation in der Gesellschaft zu erobern, wonach er hungerte. Im April 1967 fand ein einschneidendes Ereignis statt: Nachdem Ali sich geweigert hatte, den Wehrdienst anzutreten, wurde ihm der Weltmeistertitel aberkannt. Ali begründete seine Entscheidung zum einen mit seinem Glauben, zum anderen mit der fehlenden Gleichberechtigung der Afroamerikaner. Im korrigierten Horoskop Muhammad Alis löste das direkt dirigierte Nabod-MC die Radix-Lilith im 10. Haus aus. Muhammad Ali wurde am 17.1.1942 in Louisville, Kentucky, USA geboren. Zeitangabe: 18:35 CST. Korrigierte Zeit: 18:29 CST.

Die dunkle Geschichte rankt sich um das Verhältnis zu Autoritätspersonen.

Die dunkle Geschichte rankt sich darum, echte Ziele, denen man sich von ganzem Herzen widmen kann, zu finden. »Ich weiß nicht, wohin mein Weg gehen soll.«

Die dunkle Geschichte rankt sich darum, wie man seine tiefsten, innersten Wünsche in Form gießen kann. »Wie ich es auch anstelle, es klappt nicht.« »Wenn ich meine tiefsten Wünsche realisieren will, werde ich in der Gesellschaft schlecht angesehen.« »Niemand will das haben, was ich einbringen möchte.«

Die dunkle Geschichte ist mit der Überzeugung verbunden, man könne nichts von Bedeutung zum Leben beitragen. »Es gelingt mir nicht, etwas Sichtbares und Brauchbares zu leisten.« »Ich kann nichts zum Leben beitragen.« »Ich bin nutzlos. Ich bin kein sinnvolles Mitglied der Gesellschaft.«

Solange die dunkle Geschichte belastet, sind Lebensfreude, Spontaneität und Humor eingeschränkt. »Der Ernst des Lebens.« »Das Leben als Pflicht.«

Welche dunkle Geschichte auch im 10. Haus erzählt wird, sie ist immer mit Schmerz, Kränkung und Angst verbunden bis hin zum Trauma und mit Wut und Empörung bis hin zu Hass und Zerstörungsdrang, wenn wir tief genug schauen. Mit Lilith im 10. Haus wird eine Form übergestülpt, welche die innere Quelle blockiert und beschränkt, statt ihr ein Flussbett zu geben, in dem sie sich entfalten kann. In einem anderen Bild ist das 10. Haus die Krone, welche der Baum dank seiner Wurzel im 4. Haus ausbilden kann. Mit Lilith im 10. Haus ist es, als würde man einem Baum eine Krone aufpfropfen.

Die befreite Lilith im 10. Haus. Wenn das Lilith-Thema erkannt und angenommen wird, entfaltet sich das natürliche Potenzial, die eigene Richtung zu erkennen und ihr zu folgen. Ziele werden bewusst und die Wege, die dorthin führen, zeigen sich klarer. Der eigene Lebensbaum beginnt eine neue, schönere Krone zu entfalten.

Der Umgang mit gesellschaftlichen Normen und den »do's and don'ts« der Gesellschaft wird freier. Man findet eigene Maßstäbe, nach denen man sich richtet. Was die anderen denken, verliert an Wichtigkeit gegenüber dem, was man für sich selbst als richtig erkannt hat. Gutes Benehmen im Sinne der allgemeinen Erwartungen kann Freude machen, ist aber kein Muss mehr. Man wird sich seiner Rechte in der Gesellschaft bewusst. Die Fähigkeit zur Selbstdisziplin entwickelt sich zu einer echten Stärke, die auch Freude machen kann, statt vor allem als einengende Pflicht empfunden zu werden.

Die Gabe, den Zeitgeist zu erkennen und etwas daraus zu machen, wird bewusst. Es können wertvolle Beiträge geleistet werden, die der Gesellschaft nutzen.

Die Fähigkeit, selbst Maßstäbe zu setzen und richtungsweisend für andere zu werden, blüht auf. Manche Menschen entdecken Führungsqualitäten.

Lilith im 11. Haus

Das 11. Haus: Individualität. Die Eigenschaften und Tätigkeiten, durch die wir uns im Leben, in der Gesellschaft und Öffentlichkeit profilieren können. Das persönliche Profil: was uns von anderen unterscheidet. Das Eigene, Unverwechselbare. Die Freiheit, sich abzuheben und man selbst zu sein. Den eigenen Weg gehen.

Der Gegenkurs zum Bestehenden. Maßstäbe und Strukturen aufbrechen und erneuern wollen. Rebellion gegen Fremdbestimmung und Machtausübung.

Die Vogelperspektive einnehmen: betrachten, ohne sich zu identifizieren. Dissoziieren können. Sich herausheben aus dem Geschehen. Unterschiedliche und widersprüchliche Perspektiven stehen lassen können. Was nicht zusammenpasst, unter einem Dach vereinen können. Vermittlerposition.

Die dunkle Geschichte rankt sich um die eigene Besonderheit, um das, was von anderen unterscheidet. Leiden unter dem Anderssein bei gleichzeitigem starkem Wunsch, nicht zu sein wie alle. »Ich passe nicht ins Bild.« »Meine Ziele, Wünsche und Eigenarten machen mich zum Außenseiter.« »Ich bin anders.« Das schwarze Schaf.

Angst, Profil zu zeigen, weil man damit anecken oder ausgegrenzt werden würde. Konflikten ausweichen. Der Einzelgänger. Dazugehören ist eine Sehnsucht, aber wenn man dazugehören will, muss man seine Individualität aufgeben. Anderssein ist schmerzhaft, beängstigend. Man fühlt sich unfrei, der zu sein, der man ist. Niki Lauda, dessen Horoskop in diesem Buch besprochen wird, ist ein Beispiel für den Schmerz, den ihm sein entstelltes Gesicht nach dem schweren Unfall bereitete. Seine Kappe, die den kahlen Kopf verdeckt, ist sein Markenzeichen geworden. Anders sein wollen – Lilith steht im 11. Haus seines Horoskops –, aber nun unfreiwillig völlig anders als andere Menschen. Tragische Berühmtheit durch ein besonderes körperliches Merkmal.

Die dunkle Geschichte hat mit der schmerzvollen Erfahrung zu tun, dass die Eltern und/oder Geschwister nicht zusammenpassen. In frühen Konflikt- und Streitsituationen aufgewachsen. In der Lebenswahrnehmung daher auch später ständig mit dem konfrontiert, was nicht passt, was sich widerspricht. Angezogen von Situationen und Beziehungen, in denen Unvereinbarkeit, Stress oder Streit herrschen. Die instabile frühe Situation hinterließ ein unsicheres Lebensgrundgefühl. Versagensängste sind ständige Begleiter. Man fühlt sich wie beim Tellerdrehen, bei dem der Jongleur ständig von einem Teller zum anderen saust, um sie am Drehen zu halten. Die Angst, einer könnte herunterfallen, löst großen Stress aus. »Teller« sind meist andere Menschen. Man glaubt, keine Beziehung aufgeben zu können – genauer gesagt zu dürfen – als sei man verantwortlich, so wie man sich als Kind verantwortlich gefühlt hat und glaubte, man müsse die Familie zusammenhalten. Das »Drehen der Teller« wird ein unterbewusster Zwang, dessen Macht meist lange nicht erkannt wird.

Die dunkle Geschichte hat mit Entscheidungen zu tun. Sich festlegen, sich binden wird als beängstigend empfunden. Angst vor einem Fehler oder vor Strafe, wenn man sich entscheidet, sich festlegt, bindet oder Partei ergreift. Schier unüberwindbare Zweifel, welches die richtige Entscheidung oder die richtige Vorgehensweise ist. Angst, die Familie könnte auseinanderbrechen, wenn man Partei ergreift, und man ist daran schuld. »Zwischen allen Stühlen.« Die » Pufferrolle.« Die Angst, das Falsche zu tun, kann so massiv sein, dass Entscheidungen in extremem Maß aus dem Weg gegangen wird. Große Zweifel sind permanente Wegbegleiter. Innerlich zerrissen.

In der Familie wurden falsche Entscheidungen getroffen mit großen Konsequenzen. »Ich habe Angst, dass mir dasselbe passiert.« Die Vorstellung wählen – sich entscheiden – zu müssen, löst große Ängste aus. Ängste und Zweifel können fast unüberwindliche Hürden bei der Wahl des Berufsweges, einer Arbeitsstelle oder eines Ortes aufbauen.

Die dunkle Geschichte rankt sich um die Rolle in der Gesellschaft. Gesellschaftliche Normen sind nur schwer einzuhalten. Etwas Beunruhigendes ist im Zusammenhang mit der Frage gesellschaftlicher Anpassung geschehen. Man steht am Rand, wird ausgegrenzt. Auf schmerzvolle Weise eine Sonderposition einnehmen, obwohl man sie eigentlich ersehnt.

Rückzug und Absonderung: Als Reaktion auf das Empfinden, unverstanden zu sein, ungerechtfertigt kritisiert oder belächelt zu werden, zieht man sich zurück und geht anderen aus dem Weg. »Im Elfenbeinturm leben« – einer abgeschiedenen Welt, in der man sich nicht mit dem Leben konfrontieren muss – bis hin zur Isolation.

Die dunkle Geschichte rankt sich um den Zwang, immer gegen den Strom schwimmen zu müssen. Das kann ein freiwillig eingeschlagener Gegenkurs sein oder ein Kurs, zu dem man durch die Umstände gezwungen wird. »Ich kann (und will) nicht so sein wie allen anderen.«

Die dunkle Geschichte rankt sich um die eigene »Marke«. Es ist bedrohlich, zu zeigen, worin man sich unterscheidet und was einen von anderen abhebt (besonders, wenn der Mond im 1. Haus steht). Profil zeigen ist mit Ängsten verbunden, während man sich im Grunde danach sehnt. »Wenn ich auffalle, werde ich totgepickt.«

Die dunkle Geschichte hat mit der Liebe zum Ausgefallenen, Unkonventionellen, Besonderen zu tun. Nicht ins System passen. Kritisiert und abgelehnt, weil man anders ist. Allen Entsprechungen von Lilith im 11. Haus ist eine starke Angst vor Kritik gemeinsam.

Die dunkle Geschichte rankt sich um offene oder schwelende Konflikte, die man früh erlebt hat, und um die eigene Konfliktfähigkeit. Die Konsequenzen fürchten, die durch das Austragen eines Konflikts entstehen können. Nicht bereit oder unfähig, Konflikten ins Auge zu sehen. Konflikte werden durch Weglaufen oder Wutausbrüche geregelt.

Die dunkle Geschichte hat mit einer massiven Angst vor Absturz zu tun. Diese Angst wird immer dann ausgelöst, wenn man sich auf den Weg zum Erfolg oder überhaupt zu einem eigenen Weg aufschwingen will. Instabiles Lebensgefühl. Stimmungsschwankungen beeinträchtigen die Fähigkeit, Dinge in Angriff zu nehmen.

Die dunkle Geschichte verbietet, den eigenen Weg zu gehen. Man glaubt, frühe Bezugspersonen (Mutter oder Vater) nicht verlassen zu können.

Die dunkle Geschichte hat mit einer massiven Angst vor Bewertung und Kritik zu tun.

Die dunkle Geschichte rankt sich um das Gefühl, das Leben sei eine permanente Gratwanderung. »Ich fühle mich nicht sicher. Mein Leben ist ein Drahtseilakt.«

Welche dunkle Geschichte auch im 11. Haus erzählt wird, sie ist immer mit Schmerz, Kränkung und Angst verbunden bis hin zum

Trauma und mit Wut und Empörung bis hin zu Hass und Zerstörungsdrang, wenn wir tief genug schauen. Im 11. Haus geht es darum, zu zeigen und zu leben, was an uns anders ist, was uns abhebt und was uns zu einer einzigartigen Aufgabe und Lebensführung befähigt. Keine Kindergärtnerin ist wie die andere, kein Modell wie das andere, kein Unternehmer wie der andere. Und jeder Mensch hat unverwechselbare Eigenschaften, die zwar ähnlich sein können wie die anderer Menschen, aber niemals identisch. In der Summe aller Eigenschaften und der Art und Weise, wie ein Mensch sich entwickelt, tritt diese Einzigartigkeit noch mehr hervor.

Die befreite Lilith im 11. Haus. Wenn das Lilith-Thema erkannt und angenommen wird, entfaltet sich die eigene individuelle Note. Man möchte nicht nur einfach anders sein, sondern erkennt seine Besonderheiten und kann sie nutzen, um das Leben und den Beruf genauer auf die eigene Persönlichkeit abzustimmen. Wenn es einem zuvor zwiespältige Gefühle, Angst oder Scham bereitete, sich zu profilieren, fühlt es sich nun leicht und selbstverständlich an. Wie konnte man jemals sein »Licht unter den Scheffel stellen«?

Wer vorher lieb Kind war, um Konflikten, einer möglichen Ablehnung oder Schuldgefühlen aus dem Weg zu gehen, hört auf, bequem zu sein, und gewinnt Kontur. Man lernt, sich Konflikten zu stellen und sie direkt und bei dem Menschen auszutragen, mit dem sie entstanden sind, statt sie zu verschieben oder an Menschen auszulassen, die als schwächer empfunden werden. Man kann Spannungen und Stimmungsschwankungen wahrnehmen, ohne von ihnen hin- und hergeworfen oder überwältigt zu werden.

Die befreite Lilith im 11. Haus hilft, das Interesse anderer Menschen und möglicher Partner auf neue Weise zu gewinnen. Die eigene Kritikfähigkeit wächst und man lernt gleichzeitig, Kritik auszuhalten und konstruktiv damit umzugehen.

Situationen, die Stress und Streit mit sich bringen, rufen nun eine natürliche Abneigung hervor. Diese Veränderung zeigt sich in Entscheidungen, der Wahl von Beziehungen und Freunden, Jobs und

Orten. Statt »Teller zu drehen« und immer alles am Laufen halten zu müssen, kann man nun freier entscheiden, welchen Menschen, Situationen und Aufgaben man seine Aufmerksamkeit und Kraft schenken will.

Man beginnt, den eigenen Weg zum vielleicht ersten Mal richtig zu erkennen. Gedankenmuster, Gefühle und Bilder, die einen an frühe schmerzvolle Erfahrungen gebunden haben, verändern sich. Es wird deutlich, dass man als Erwachsener seine Eltern lieben kann und sie trotzdem in gewisser Weise zurücklassen muss.

Wer wie unter Zwang den Gegenkurs steuern musste, wird frei zu wählen, welchen Kurs er wirklich einschlagen will. »Ja« zum Gängigen und Bestehenden zu sagen (10. Haus, Saturn) ist genauso möglich wie »Nein« oder eine indifferente Position einzunehmen.

Manche Menschen entdecken, dass sie im Grunde ihres Herzens Aussteiger sind, »flippig« sein wollen oder dass es ihr Ziel ist, an irgendeiner Stelle »alte Zöpfe abzuschneiden« oder »das Rad neu zu erfinden«.

Lilith im 12. Haus

Das 12. Haus: Umfasst zwei Seiten, wie die Fische in zwei Richtungen schwimmen: in Richtung der konkreten Welt (Widder) und in Richtung der Transzendenz (Fische). Einerseits die Auflösung aller Unterschiede und Grenzen. Die Sehnsucht nach der letzten Realität. Urvertrauen. Vertrauen in das, was man nicht greifen kann. Spiritualität im Gegensatz zu Religion.

Andererseits die größte Ebene, die wir konkret im Leben erreichen können: in der Öffentlichkeit, Gesellschaft, den Medien, im Internet, in der virtuellen Welt. Wie man auf der größtmöglichen Bühne, die dem Einzelnen jeweils zur Verfügung steht, auftritt und gesehen wird. Wie die Öffentlichkeit uns sieht. Öffentliche Ämter oder Rollen, bei denen man von einem größeren Publikum gesehen wird. Das Bild, das in der

Öffentlichkeit von uns entsteht. Wenn früher jemand ins Gefängnis oder ins Krankhaus kam oder ins Kloster ging, war das ein öffentliches Ereignis. Daher rührt diese klassische Zuordnung zum 12. Haus.

Randgruppen, sozial Schwache, Entrechtete, Verfolgte.

Im Gegensatz zu den kardinalen und fixen Häusern können wir in den beweglichen Häusern nichts verstecken, denn ihr Wesen liegt in der Darstellung nach außen. Sie sind eine mehr oder weniger freiwillige Erklärung, wer wir auf der körperlichen (3. Haus), seelischen (6. Haus), geistigen (9. Haus) und auf der überpersönlichen Ebene (12. Haus) sind. Die beweglichen Häuser können sowohl als authentischer Selbstausdruck dessen genutzt werden, was man tatsächlich fühlt und will (4. Haus), als auch, um eine Rolle zu spielen, die einem erfolgsversprechend erscheint. Außerdem kann man eine Rolle bewusst übernehmen: etwas repräsentieren.

Die dunkle Geschichte rankt sich darum, dass die Familie in der Öffentlichkeit schlecht angesehen war. Die Familie war sozial schwach, hatte keine Rechte, wurde angegriffen, verfolgt, niemand setzte sich für sie ein. Die Familie gehörte zu einer Randgruppe, der die Gesellschaft einen schlechten Ruf zugewiesen hatte (ethnische Minderheiten, Sinti und Roma, Menschen ohne ein Dach über dem Kopf, ehemalige Gefängnisinsassen, usw.). »Keiner will mit uns.« Leiden unter dem Leid der Verfolgten und Entrechteten wie die jüdische Publizistin Hannah Arendt mit Mond im 4. Haus und Lilith im 12. Haus.

Die dunkle Geschichte führt dazu, dass man glaubt, nicht gut anzukommen, wenn man in der Öffentlichkeit auftritt. »Ich kann das nicht.« »Wenn ich mich in die Öffentlichkeit wage, werde ich massiv kritisiert und abgelehnt.« »Es ist gefährlich für mich, wenn ich mich in der Öffentlichkeit sehen lasse.« Öffentlichkeit bedeutet für jeden Menschen etwas anderes. Für den einen ist es der nähere Umkreis, in dem man aber nicht alle Menschen zumindest vom Sehen oder vom Namen her kennt (das wäre das 9. Haus). Für den anderen ist es z. B. ein Vortrag in einer anderen Stadt oder es ist die große Öffentlichkeit der Politiker, Schauspieler, Sportler – der Medien, des Internets, der virtuellen Realität.

Die dunkle Geschichte rankt sich um die Angst vor dem Unbekannten, vor dem nicht Kontrollierbaren. Dunkelheit macht Angst. Kontrollsucht. Große Sehnsucht danach, aus tiefstem Inneren vertrauen zu können, aber dieses Vertrauen wurde durch die Unwägbarkeiten des Lebens erschüttert. Angst vor Kontrollverlust, weil man fürchtet, ins Bodenlose zu sinken. »Ich bin ein Blatt im Wind.« Innere Einkehr, spirituelle Lehren, Philosophie, Meditation und künstlerisches Schaffen können zum Rettungsanker werden. Alternativ sucht man in der öffentlichen Stellung bzw. im Beruf Halt. Angst davor, sich emotional zu öffnen und zu vertrauen, aus Angst, die Kontrolle zu verlieren. Angst vor Gefühlsbindungen.

Die Sehnsucht danach, etwas zur Welt beizutragen, wird in nicht persönlichen Beziehungen (Beruf, soziales Engagement) ausgelebt. Man hilft, wo man kann, ohne sich mit seinen wahren Sehnsüchten und Gefühlen zu konfrontieren.

Die dunkle Geschichte blockiert Loslassen und Hingabe, weil beides negativ erlebt wurde.

Die dunkle Geschichte hat mit Einsamkeit und Verloren-Sein zu tun. Das Kind wurde nicht beachtet, nicht wahrgenommen. »Ich bin nicht wichtig.« Der Bezug zu sich selbst und anderen Menschen konnte nur schwer aufgebaut werden, weil es an Aufmerksamkeit und Zuwendung der frühen Bezugspersonen fehlte, die das Kind braucht, um sich zu erkennen. »Ich weiß nicht, wer ich bin.«

Die dunkle Geschichte rankt sich um das, was man kraft Geburt, Familienzugehörigkeit oder Nationalität in der Öffentlichkeit repräsentiert. Die öffentliche Rolle ist mit einer dunklen Geschichte verbunden.

Die dunkle Geschichte rankt sich darum, dass Oberflächlichkeit, Smalltalk und die in der Gesellschaft gültigen Werte als banal erlebt werden. »Was man tun muss bzw. was man nicht tun darf, hat mit mir nichts zu tun. Das ist mir gleichgültig.« »Diese Regeln bedeuten mir nichts.« »Ich fühle mich fremd.«

Die dunkle Geschichte hat mit Alkohol, Drogen, Medikamentenmissbrauch und allen Arten von Sucht zu tun.

Die dunkle Geschichte rankt sich um die Angst vor Angriffen, die aus dem Nichts kommen: geheime Feinde, Ansteckung, Krieg, Seuchen. Real erlebte Schicksalsschläge wie Überschwemmungen, Feuer oder Sturm sind traumatische Erfahrungen, die auch später noch in das tägliche Leben hineinwirken. Alternativ kann auch die Vorstellung solcher Erfahrungen Lebensangst, Depression und Weltflucht auslösen.

Welche dunkle Geschichte auch im 12. Haus erzählt wird, sie ist immer mit Schmerz, Kränkung und Angst verbunden bis hin zum Trauma und mit Wut und Empörung bis hin zu Hass und Zerstörungsdrang, wenn wir tief genug schauen. Das 12. Haus umfasst die größtmögliche Ebene, die erreicht werden kann: in der Öffentlichkeit als konkrete Entsprechung und im spirituellen Sinn die letztendliche Realität, das, was hinter den Dingen wirkt. Beides ist ein weites, ja, sogar ein endloses Feld, das wir nicht überblicken, nicht einschätzen, nicht kontrollieren können. Es braucht Vertrauen: »Einen Brief zur Post bringen heißt ihn aufgeben.« (Karl Kraus)

Die befreite Lilith im 12. Haus. Wenn das Lilith-Thema erkannt und angenommen wird entfaltet sich das natürliche Potenzial, in der Gesellschaft für etwas zu stehen. Man kann eine Aufgabe übernehmen oder eine bestehende kraftvoll ausfüllen. Der Beitrag zur Welt wird immer mehr zu etwas, das von tief innen heraus kommt. Der Mensch wird zu dieser Aufgabe. Persönliches tritt zurück. Für manche Menschen bringt die befreite Lilith das Angebot einer Aufgabe oder eines Amtes mit sich, an die sie nie gedacht hätten.

Es gelingt, seinen Platz innerhalb der politischen, sozialen oder umweltbedingten Verhältnisse einzunehmen und sie so gut wie möglich aktiv zu gestalten. Menschen wie der Dalai Lama, der die Aufgabe übernommen hat, die Sache der Tibeter im Exil zu vertreten, der Chef einer Firma, der sie aufbaut und, wenn nötig, durch eine Finanzkrise steuert, die Kindergärtnerin, die sich besonders im Sozialsystem engagiert – all diese Menschen sind von äußeren Bedingungen betroffen und leisten ihren Beitrag im öffentlichen Bereich. Auch wer sich fern von der Gesellschaft hält, ist von den globalen Bedingungen betroffen:

von Krieg und Frieden, Klima und Atemluft, Freiheit oder Unterwerfung, und findet durch die befreite Lilith zu einer neuen, sinnvollen inneren und äußeren Haltung diesen Tatsachen des Lebens gegenüber. Die Themen des 12. Hauses werden nicht mehr passiv erlitten, sondern im Rahmen des Möglichen aktiv gestaltet.

Manche Menschen finden durch die befreite Lilith zur Spiritualität, andere zu einem Beruf oder einer Lebensform, in der sie ihre innere Wahrheit (4. Haus) in die Öffentlichkeit bringen können.

Das starke Bedürfnis nach Kontrolle weicht einem großen Vertrauen in das Leben. Man kann hinter die Dinge sehen, hinter die Fassade von Menschen, Systemen und Informationen, die verbreitet werden. Bewertungen, gleich, ob sie sozialer, politischer, kultureller, religiöser oder moralischer Art sind, verlieren immer mehr an Substanz. Man empfindet die Relativität all dieser Einordnungssysteme und kann sie dort lassen, wo sie gerade nützlich sind, ohne sie zu etwas allgemein Gültigem zu machen.

Unabhängig von den Bedingungen, die man in der Öffentlichkeit vorfindet, zeigen sich Wege, um auf die bestmögliche Art in der Gesellschaft zu leben, auch wenn man einer Randgruppe angehört.

Lilith-Befreiungserfahrungen

Was man nicht annimmt, kann man nicht ändern.

C. G. Jung

Lilith-Befreiungserfahrungen haben starke Wirkungen. Wie jede Erfahrung können sie plötzlich und intensiv eintreten wie ein Blitz aus heiterem Himmel oder sich langsam entfalten wie Wolken, die sich am Himmel zerstreuen und den Blick auf ein strahlendes Blau freigeben. Und wie alle Erfahrungen gehen auch Lilith-Erfahrungen vorbei. Lilith-Schmerz und Lilith-Befreiung sind über einen Zeitraum stark gegenwärtig und verschwinden dann, um sich irgendwann wieder deutlich zu zeigen. Die erlösenden Lilith-Erfahrungen verändern jedoch etwas in uns. Die Welt ist nie wieder wie zuvor. Lilith kann und wird auch weiter schmerzen, aber wir erfahren diesen Schmerz anders. Er hat eine andere Bedeutung bekommen und wird zum Ansporn, sich hier neu und anders zu engagieren. Das berühmte Zitat des amerikanischen Theologen, Philosophen und Politikwissenschaftlers Reinhold Niebuhr beschreibt mit wunderbarer Klarheit, wie wir mit schwierigen Themen in unserem Leben umgehen können:

Gott, gib mir die Gelassenheit,
Dinge hinzunehmen, die ich nicht ändern kann,
den Mut, Dinge zu ändern, die ich ändern kann,
und die Weisheit, das eine vom anderen zu unterscheiden.

Lilith in Radix und Prognose

Die verwendeten Prognosemethoden

Die Radix- und Prognosehoroskope in diesem Buch veranschaulichen, dass Lilith tatsächlich immer dann ausgelöst ist, wenn das Mond/Lilith-Thema im Leben eines Menschen durch ein Ereignis angesprochen wird. Zu jeder Person habe ich Ereignisse gewählt, die mit Lilith in Verbindung stehen, und zu jedem Ereignis exemplarisch sowohl das Radixhoroskop als auch eine oder mehrere Prognosemethoden gedeutet. Wer mehr wissen möchte, kann die Prognosehoroskope, die ich nicht eingebracht habe, selbst berechnen, z. B. den conversen Nabodbogen, wenn nur der direkte gezeigt wird. Testen Sie Lilith in Ihrem eigenen Horoskop und wenden Sie hier die Prognosemethoden auch an. Sie werden sehen, dass Sie immer, wenn Lilith ausgelöst war, eine besondere und meist schwierige Zeit durchlebten, die in Verbindung mit Mond und Lilith in Ihrem Radixhoroskop steht. Das kann ein Lilith-Jahr sein, wenn sie über die Nabodbögen ausgelöst wird, oder auch ein Tag, wenn sie an einer Hausspitze des Tageshoroskops steht oder ein Quadrat zu einer Hausachse im Tageshoroskop bildet. Auch Transite über die Lilith oder von Lilith zu Radixplaneten und Hausspitzen geben wertvolle Auskunft. Sollten sich keine exakten Auslösungen zeigen, ist davon auszugehen, dass die Geburtszeit nicht korrekt ist und das Horoskop korrigiert werden muss.

Der Nabodbogen

Der Nabodbogen ist ein gemittelter Bogen, mit dem das Horoskop direkt und convers dirigiert wird. Eingeführt wurde der Nabodbogen

1560 von dem Mathematiker, Astronom und Astrologen Valentin Nabod (auch: Naibod) in seinem Werk *Enarratio elementorvm* astrologiae. Der sogenannte Nabodschlüssel (oder Naibodschlüssel) entspricht dem mittleren Sonnenbogen, also der täglichen mittleren Bewegung der Sonne auf der Ekliptik von 0°59´08,33. Dieser Wert ergibt sich durch die Teilung der 360 Grad des Tierkreises durch 365,35 Tage. Als Dezimalzahl beträgt der Nabodbogen 0.98562628 Grad, also knapp unter einem Grad pro Tag.

Der Nabodbogen ist jedoch weit mehr als die Bewegung der mittleren Sonne. In seinem Buch Astrologische Prognose schreibt der Schweizer Astrologe Heinrich Kündig: »Der tägliche Sternzeitfortschritt beträgt nämlich 3 m 56,555 s, was, in Bogen ausgedrückt, wiederum 0°59°08,33 ergibt. Folglich heißt die Formel für diesen Schlüssel auch: mittlere tägliche Sonnenbewegung = 1 Jahr oder, auf die Sternzeit bezogen: täglicher Sternzeitfortschritt = 1 Jahr.«

Der Nabodbogen bietet die Möglichkeit einer Jahresdirektion, bei der sämtliche Hausspitzen und Planeten um 0.98562628 Grad vorwärts und rückwärts verschoben werden, also um etwas weniger als 1 Grad pro Jahr. 1 Grad pro Jahr wurde oft als Formel genutzt, bei der sich in der Prognose jedoch Abweichungen ergaben, die umso größer wurden, je älter ein Mensch war. Rechnet man mit 1 Grad pro Jahr, dann beträgt die Abweichung bei 73 Jahren ein Grad. Mit 36,5 Jahren beträgt die Auslösungsabweichung einen halben Grad, was 6 Monaten entspricht, um die ein Ereignis früher oder später eintreten kann. Diese Feinheit macht sich besonders bei der Geburtszeitkorrektur bemerkbar, die bei dem Schlüssel 1 Grad pro Lebensjahr nur einen Näherungswert erreichen kann.

Mit dem Nabodbogen können erstaunlich genaue Prognosen erstellt und die Geburtszeit überprüft und korrigiert werden. Gleichzeitig hat man ein feste Größe, mit der sich auch ohne Ephemeride rechnen lässt. Man kann die Hausspitzen einfach um 1 Grad pro Jahr vorwärts und rückwärts verschieben und mit der entsprechenden Abweichung (je nach Alter) nachkorrigieren. Dazu ist kein Computerprogramm nötig.

Da der Nabodbogen einen Zeitraum von 1–2 Jahren umfasst, je nach Tierkreisgrad, über den die Nabod-Hausspitzen laufen, oder den Aspekt, den sie im Radixhoroskop bilden, braucht es kein exaktes Tagesdatum für die Berechnung. Natürlich ist es hilfreich für eine Geburtszeitüberprüfung und Geburtszeitkorrektur, wenn man Ereignisse möglichst genau im Jahr verorten kann, aber es ist nicht Bedingung. Wenn man genügend Ereignisse zur Verfügung hat, ergibt sich trotzdem eine hohe Genauigkeit.

Als Datum für die Berechnung des Nabodbogens verwende ich:

- Das Datum des Ereignisses, wenn bekannt
- Den Monat oder einen Monat aus der Jahreszeit, an dem das Ereignis stattfand
- Etwa die Mitte des Jahres, also ein beliebiges Datum im Juni, wenn keine Anhaltspunkte gegeben sind, wann das Ereignis stattgefunden hat

Das Tageshoroskop

Ein Tageshoroskop wird auf den Tag berechnet, den man untersuchen will. Geburtsuhrzeit und Geburtsort bleiben gleich wie im Geburtshoroskop. Mit diesem Horoskop kann man die Tagesqualität kennenlernen und Ereignisse im Nachhinein verstehen oder Tipps bekommen, wie man in einer zukünftigen Situation am besten handelt und sich verhält. Außerdem kann man mithilfe des Tageshoroskops eine fein abgestimmte Geburtszeitüberprüfung durchführen.

Das Tageshoroskop besteht aus den Transit-Planeten des Ereignistages plus den Hausspitzen, die sich ergeben, wenn man das Horoskop auf das Datum des zu untersuchenden Tages berechnet, dabei aber die Geburtsuhrzeit und den Geburtsort verwendet.

Neben einigen speziellen Deutungskriterien ist zu beachten, ob ein Ereignis vor oder nach der Geburtsuhrzeit stattgefunden hat. Michael Schumacher ist um 13:43 Uhr geboren (offizielle Zeitangabe). Der

Unfall fand am 29.12.2013 zwischen 11 Uhr und 11 Uhr 07 statt, also vor seiner Geburtsuhrzeit. Daher habe ich das Tageshoroskop auf den 28.12.2013 berechnet. Planeten, die sich im Tageshoroskop in genauer Konjunktion mit Hausspitze befinden oder ein exaktes Quadrat zu einer Hausachse des Tageshoroskops bilden, haben an diesem Tag Priorität. Die Exaktheit gilt für einen Orbis von 1° um die Hausspitze herum.

Das Tageshoroskop kann als eigenständiges Radixhoroskop gedeutet werden. Außerdem kann man es wie ein Transithoroskop um das Radix legen und als Synastrie deuten. Der Unterschied zu reinen Transiten liegt darin, dass auch die Tageshoroskop-Hausspitzen wichtige synastrische Aspekte bilden können. Ansonsten kann man Transithausspitzen nur verwenden, wenn eine genaue Ereignisuhrzeit bekannt ist. In diesem Fall handelt es sich dann nicht um ein Tageshoroskop, sondern um ein Ereignishoroskop.

Transitdirektionen nach Michael Roscher

Michael Roscher hat eine Methode entwickelt, mit deren Hilfe man Ereignisse detailliert untersuchen kann. Dazu wählt man entweder einen Planeten wie Venus, Mars, Saturn, Uranus usw., je nach Thema, das untersucht werden soll, oder eine Hausspitze, z. B. den Aszendenten. Die Auswahl des Planeten erfolgt danach, über welches Haus er im Radixhoroskop herrscht. Geht es um die Finanzen, nimmt man den Herrscher des 2. Hauses. Dann wird der Bogen bestimmt, den der Planet an dem zu untersuchenden Tag von seiner Radixposition aus gesehen zurückgelegt hat. Das Gleiche gilt für eine Hausspitze: Wie viel Grad hat z. B. der Aszendent zu einem bestimmten Zeitpunkt von seiner Radixposition aus zurückgelegt? Dieser Bogen wird für die Prognose angewendet. Sämtliche Horoskopfaktoren – Planeten, rechnerische Punkte wie die Hausspitzen, die Mondknoten und Lilith – werden mit diesem Bogen nach vorn verschoben. Es ergibt sich ein neues Horoskop, das nicht einzeln gedeutet, sondern um das Radix herum gelegt wird. Das transitdirektionale Horoskop wird ausschließlich unter dem Signum des Planeten gedeutet, der als Bogengeber diente. Ist der Bogengeber der Herrscher des 2. Hauses, werden alle Aspektverbindungen zwischen transitdirektionalem Horoskop und Radix unter dem Blickwinkel der Finanzen gedeutet.

Die Transitdirektions-Formel:

- Bestimmen Sie die Transitposition einer Hausspitze oder eines Planeten.
- Errechnen Sie die Gradzahl-Differenz zwischen dieser Transitposition und der Radixposition der Hausspitze oder des Planeten.
- Verschieben Sie alle Hausspitzen und Planeten um diese Gradzahl nach vorn. Das sich daraus ergebende Horoskop wird um das Radixhoroskop gelegt.
- Untersuchen Sie die sich ergebenden Aspekte: in erster Linie Konjunktionen, Quadrate und Spiegelpunkte.

Spiegelpunkte

Spiegelpunkte sind wichtige Aspekte, die wie eine Konjunktion gedeutet werden, unabhängig davon, ob es sich um eine Spiegelpunkt-Konjunktion oder ein Spiegelpunkt-Quadrat handelt. Gespiegelt wird über die Widder/Waage-Achse, also über 0° Widder und 0° Waage. Stellen Sie sich vor, Sie klappen das Horoskop an dieser Achse zusammen. Die aufeinanderfallenden Punkt sind Spiegelpunkte. Daher auch die Analogie zur Konjunktion.

Die Rechnung ist einfach: Die Gradposition des einen Faktors und die Gradposition des anderen Faktors, die aufeinanderfallen, müssen zusammen 30 Grad ergeben, plus/minus 3 Grad auf beiden Seiten der exakten Position. Ein Spiegelpunkt hat damit eine große Auslösungsbreite – 6 Grad insgesamt – was sich vor allem in der Prognose bemerkbar macht. Sie brauchen das Horoskop nicht zusammenzufalten.

Berechnen Sie die Spiegelpunkte anhand der einfachen Formel:

Kardinale Zeichen spiegeln in bewegliche Zeichen.
Bewegliche Zeichen spiegeln in kardinale Zeichen.
Fixe Zeichen spiegeln in fixe Zeichen.

Beispiel: Steht ein Planet auf 10° Steinbock, also kardinales Zeichen, befindet sich der exakte Spiegelpunkt dieses Planeten auf 20° in allen beweglichen Zeichen. Hinzu kommt ein Orbis von 3 Grad rund um die Exaktheit. Der gesamte Spiegelpunktbereich reicht also von 17° bewegliche Zeichen bis 23° bewegliche Zeichen.

Kritische Grade von Michael Roscher

Die besondere Bedeutung einzelner Tierkreisgrade wurde im Verlauf der Entwicklung der Astrologie immer wieder betont. Es gibt unterschiedliche Systeme, die auch auf sehr unterschiedliche Art entstanden sind.

Michael Roscher hat lebenslang zu den Tierkreisgraden geforscht. Daraus ist ein eigenes Regelwerk entstanden, das er »Kritische Grade« nannte, weil er anfangs davon ausging, dass es sich nur um einzelne, herausragende Grade handeln würde. Im Laufe der Zeit entdeckte er jedoch eine individuelle Bedeutung für jeden Grad auf dem Tierkreis. Die Kritischen Grade erlauben eine sehr präzise Feindeutung im Radixhoroskop und in der Prognose und ermöglichen eine sehr genaue Überprüfung und Korrektur der Geburtszeit. In den Büchern KRITISCHE GRADE IM HOROSKOP und KRITISCHE GRADE IN DER PROGNOSE hat Michael Roscher Texte zur Bedeutung jedes Tierkreisgrads veröffentlicht.

Ich möchte die Kritischen Grade nicht mehr missen. Falls Sie noch nicht damit gearbeitet haben, können Sie sich anhand der Beispielhoroskope von ihrer Aussagekraft und der erstaunlichen Genauigkeit, die sie liefern, überzeugen.

Lilith angewandt

In diesem Kapitel veranschaulichen Horoskope bekannter Personen, deren Lebenslauf Sie leicht selbst nachvollziehen können, die Bedeutung der Lilith in Radixhoroskop und Prognose. Zu jedem Horoskop könnte man ein eigenes Buch schreiben, um der jeweiligen Biografie und den Ereignissen gerecht zu werden. Im Rahmen dieses Buches können nur einige wenige Ereignisse dargestellt werden.

Nach der in diesem Buch vorgestellten Mond-Lilith-Theorie müssen beide Faktoren zusammen einen zentralen und schwierigen roten Faden in der Lebensgeschichte eines Menschen beschreiben. Außerdem müssen beide Faktoren oder mindestens einer von beiden in Ereignishoroskopen, die die entsprechenden Themen im Radixhoroskop ansprechen, schlüssig ausgelöst sein.

Wenn Sie selbst Horoskope und Ereignisse untersuchen wollen, gehen Sie von dem folgenden Grundsatz aus:

- Mond und Lilith weisen im Radixhoroskop immer auf zentrale, lebensbestimmende Themen hin.
- In der Prognose sind Mond und Lilith beide oder auch einzeln angesprochen, wenn das Ereignis in Verbindung mit den von ihnen angezeigten Radixthemen steht.

Michael Schumacher: Lilith im 2. Haus

Abbildung 6: Michael Schumacher, Radix: 3.01.1969, Hürth, Deutschland. Zeitangabe: 13:43 MEZ. Die Überprüfung der Geburtszeit ergab eine Korrektur auf 13:41 MEZ.

Biografie

Schon als Vierjähriger klettert Michael Schumacher mit Vorliebe auf Bäume, kickt Bälle gegen Garagentore und treibt sich in Nachbars Garten herum. In seinem 5-PS-Kettcar ist er mit Begeisterung unterwegs.

Mond herrscht über das 3. Haus und steht auf der Spitze des 3. Hauses: Freude an Bewegung, an körperlicher Aktivität. Der Mond ist der Planet des 4. Hauses: Es ist auch der tiefste Wunsch, etwas mit körperlicher Bewegung zu machen bzw. den Körper in Bewegung zu bringen, wie es z. B. in einem Kettcar der Fall ist. Man möchte mit diesen Aktionen auch von anderen gesehen werden – Freude daran, sich zu zeigen.

Doch die finanzielle Lage der Familie ist schwierig (Lilith auf der Spitze des 2. Hauses: die dunkle Geschichte hat mit Geld zu tun). Auf einem Parkplatz hat Michael seinen ersten Unfall: Er saust gegen einen Laternenpfahl.

Mehrere Konstellationen im Radixhoroskop weisen auf Schumachers Unfallrisiko hin: Jupiter/Uranus in Konjunktion im 6. Haus: Übermut und Lust an Schnelligkeit. Über das Ziel hinausschießen, statt kontrolliert genug zu bleiben, um die Gegebenheiten richtig einzuschätzen. Venus im exakten Quadrat zur AC/DC-Achse. Auf der Seite des Aszendenten entsteht dadurch die Konstellation Venus/Mars, die unter anderem eine Unfallneigung anzeigt und für stark emotional bestimmtes und stimmungsabhängiges Reagieren spricht. Auf der Seite des Deszendenten ergibt sich die Konstellation Venus/Venus – Schumacher ist nicht allen Menschen und Situationen gegenüber gleich unbeherrscht. Schumacher hat zwei Seiten: die beschriebene, die ihn immer wieder »aus der Kurve trägt«, und eine sehr präzise, bei der alles durchdenkt und bestens vorbereitet: Merkur am MC als Herrscher 2. Hauses und 6. Hauses. Der Übermut, der sich neben der Jupiter/Uranus-Konjunktion im 6. Haus auch am Übergangsgrad 0° Waage, Merkur/Venus, an der Spitze des 6. Hauses zeigt, tritt in der direkten Situation auf, nicht in der Vorbereitung und der Planung.

Die AC/DC-Achse steht auf dem Grad 28°44'Stier/Skorpion und hat auf beiden Seiten den Inhalt Merkur/Uranus/Neptun: ungewöhnliches Begegnungsverhalten und ungewöhnliche Begegnungserlebnisse. Man sucht das Außergewöhnliche. Schnell gelangweilt, will »hochdrehen«. Die IC/MC-Achse auf 28° Krebs/Steinbock hat auf beiden

Seiten den Inhalt Mond/Mars: entweder Furcht oder Flucht nach vorn; aggressiv voran. Starkes Konkurrenzempfinden. Geht nicht gut mit sich um. Mars bildet ein Spiegelpunktquadrat auf den Aszendenten, was das Konkurrenzdenken und die Aggressivität, mit der Schumacher mit sich selbst und anderen umgeht, bestätigt.

Nach diesem Ereignis bringt ihn der Vater in den Kart-Club, damit er auf einer ordentlichen Bahn fährt und nicht irgendwo.

Sein Aufstieg in die Formel-Klassen beginnt 1987 in einem Monoposto, einem offenen Einsitzer mit freistehenden Rädern. Michael Schumacher gewinnt die Kart-Europameisterschaft und wird außerdem Vize-Kart-Weltmeister. In diesem denkwürdigen Jahr steht der Mond nach dem Nabodbogen convers dirigiert exakt auf der Spitze des 2. Hauses und damit auf der Radix-Lilith. Die IC/MC-Achse, dem Nabodbogen convers dirigiert, löst den Mond im 3. Haus aus.

Das Geld ist bei den Schumachers weiterhin knapp, Sponsoren sind nicht in Sicht (Lilith Konjunktion Hausspitze 2). Michael holt sich Reifen aus der Mülltonne, er gibt nicht auf. Schließlich stellen sich doch noch Sponsoren aus der Umgebung ein (Jupiter/Uranus ist die Sponsoren-Konstellation; Uranus kommt aus dem 11. Haus: Sponsoren fördern den individuellen Weg). Nun startet Schumachers Karriere erst richtig. Über seine Teilnahme an der Formel 3 wird Schumacher in das Mercedes-Team aufgenommen. 1991 darf er als Gast in der japanischen Formel 3000 teilnehmen. Nach diesem Ereignis bekommt Schumacher die Chance, an Formel-1-Rennen teilzunehmen. Für das erste Formel-1-Rennen bürgt Mercedes mit 450000 Mark für ihn (Jupiter/Uranus, Sponsor, Lilith auf Spitze 2). Schumacher zeigt Bestzeiten, aber er fühlt sich noch lange nicht am Limit. MC auf einem Mond/Mars-Grad, Mars im Spiegelpunkt zur AC/DC-Achse, Jupiter/Uranus-Konjunktion im 6. Haus: Grenzen überschreiten und viel erreichen wollen. »Gelobt sei, was hart macht«, den Adrenalinkick lieben. Am 17. August 1995 kündigt »Schumi«, wie er inzwischen liebevoll genannt wird, seinen Wechsel zu Ferrari an. Im Tageshoroskop, berechnet auf den 16. August, steht die AC/DC-Achse auf 20° Skorpion/Stier.

Abbildung 7: Michael Schumacher, Beginn der Monoposto-Karriere, außen Nabodbogen convers 1987.

Das ist ein Partnerschaftsgrad, welcher generell freudige Ereignisse anzeigen kann. Die Achse 3/9 auf 00°29! Wassermann/Löwe zeugt mit den Konstellationen Saturn/Uranus an der Spitze des 3. Hauses und Mond/Sonne an der Spitze des 9. Hauses, was für ein enormer Durchbruch diese Ankündigung für ihn war.

Michael Schumacher fährt gern, und er feiert gern (Venus Quadrat AC/DC-Achse). 1994 holt er den ersten Formel-1-Weltmeistertitel. Am 19. August 2001 gelingt ihm der vierte Weltmeistertitel in Budapest. Die AC/DC-Achse steht im Tageshoroskop auf 23° Skorpion/ Stier: Saturn/Uranus, Durchbruch, Höhepunkt. Saturn bildet ein exaktes Quadrat auf die IC/MC-Achse: Schumacher gelingt es an diesem

Tag, einen öffentlichen Maßstab zu setzen. Diese Anlage zeigt sich bereits im Radixhoroskop, wo Saturn als Herrscher des MC im 12. Haus die Möglichkeit einer Maßstäbe setzenden Rolle in der Öffentlichkeit zur Verfügung stellt. Mercedes-Motorsportchef Norbert Haug nennt ihn den »König aller Rennfahrer«.

Sieben Weltmeisterschaftstitel hat Schumacher errungen. Auf diesem Weg hat er sich auch Feinde gemacht. Seine provozierende, rücksichtslose Art auf der Rennbahn verärgert seinen Kollegen Senna und dessen Anhänger. Beim Rennen zählt für ihn nur der Sieg. Das bringt ihm auch den Titel »Schummel-Schumi« ein. »Pisten-Rambo« und »Vollgas-Trottel« heißt es 1997 in einigen Medien. Schumacher hat versucht, seinen Konkurrenten Villeneuve von der Strecke zu rammen. Seine Neigung zu rücksichtlosem Verhalten habe ich schon eingangs über den Mars im Spiegelpunkt zur AC/DC-Achse und weitere Konstellationen beschrieben.

Schließlich provoziert Schumacher sogar fast einen Unfall mit seinem Bruder Ralf, der als weniger erfolgreicher Rennfahrer 2001 mit ihm auf dem Nürburgring unterwegs ist.

»Auch Familienbande zählt nicht, wenn Michael Schumacher auf der Rennstrecke unterwegs ist. Das bekam Bruder Ralf 2001 auf dem Nürburgring zu spüren, als Michael im Ferrari aus der Pole-Position den schnell gestarteten Ralf im BMW beinahe an die Leitplanke abdrängte. Um einen Unfall zu verhindern, musste Ralf abrupt abbremsen und zurückstecken. ›Michael ist sehr gut im Einschüchtern. Aber ich lasse mich nicht mehr einschüchtern – und wenn das beim nächsten Mal bedeuten sollte, dass es zum Unfall kommt‹, soll der sechs Jahre jüngere Bruder gewütet haben.«[9] Mars im Spiegelpunkt zur AC/DC-Achse zeigt die Anlage zu aggressivem, einschüchterndem Verhalten anderen gegenüber. Im Tageshoroskop steht Lilith exakt auf der Spitze

9 Schumacher: Seine ärgsten Feinde. https://www.focus.de/sport/formel1/tid-28194/michael-schumacher-serie-teil-2-seine-groessten-erfolge-seine-aergsten-feinde-schumacher-seine-aergsten-feinde_aid_864223.html

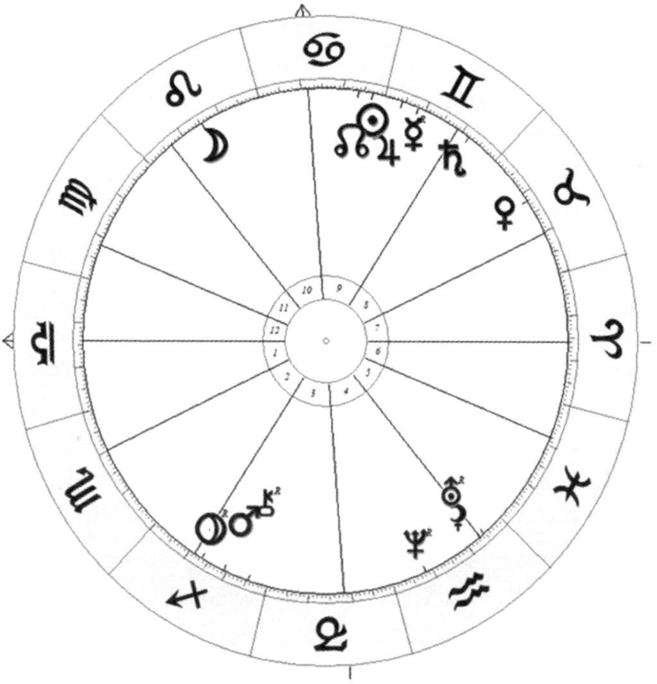

Abbildung 8: Michael Schumacher. Grand Prix von Europa, Nürburgring, Schumacher provoziert fast einen Unfall mit Bruder Ralf. Tageshoroskop vom 24.6.2001.

des 5. Hauses, in Konjunktion mit Uranus. Dass sich dieses Verhalten diesmal auf den Bruder bezieht, wird durch die Beteiligung von Lilith deutlich, die über den Radix-Mond auf der Spitze des 3. Hause den Bruder zum Thema macht.

Am 5. August 1995 heiratet er Corinna Betsch. Im gleichen Jahr wird Schumacher wieder Weltmeister, der jüngste Doppelweltmeister der Formel 1. Der Aszendent über den Nabodbogen direkt dirigiert steht auf 25° Zwillinge, Saturn/Uranus, Durchbruch und Höhepunkt, und bildet einen Spiegelpunkt, der als Herrscher des 8. Hauses auch für Ehe steht. Nach dem conversen Nabodbogen bildet die AC/DC-

Achse auf 2° 32'! Stier/Skorpion einen Spiegelpunkt zur Venus, die mit seinen Erfolgen verknüpft ist. Der Nabod-Deszendent convers löst außerdem Mars als Herrscher des 7. Hauses, (Partnerin), und 12. Hauses, Öffentlichkeit, aus.

Michael Schumacher und Bruder Ralf – eine Lilith-Geschichte

Schumachers Verhältnis zu seinem Bruder Ralf ist von Anfang an schwierig und dies, obwohl er eine starke Beziehung zu ihm hat. Das 3. Haus steht im Radixhoroskop auf 09° 46' Krebs. Dieser Grad beinhaltet die Konstellation Venus/Mondknoten – die Beziehung zum Bruder ist wichtig. Der Mond exakt auf der Spitze des 3. Hauses verstärkt diese Aussage. Michael hat Ralf immer im Blick. Dahinter steht jedoch die dunkle Geschichte der Lilith auf der Spitze des 2. Hauses: Die Gemeinschaft mit dem Bruder ist ausgesprochen schwierig und voller Konkurrenz um den ersten Platz: Merkur als Herrscher des 2. Hauses steht am MC.

Mit Lilith auf der Spitze des 2. Hauses sehnt sich Michael nach Sicherheit und Zusammengehörigkeit in einer Gemeinschaft, nach einem Heim und sicheren Finanzen, doch diese Sehnsucht ist mit großen Problemen beladen. Der Bruderzwist setzt sich unter den Ehefrauen fort, die sich nicht ausstehen können. Mit seiner Frau Corinna bildet Schumacher eine bis heute feste, sichere Gemeinschaft, eine Bindung, in der man füreinander sorgt und da ist. Mit seinem Bruder gab es bis zum Tag seines Unfalls keine wirkliche Aussöhnung, kein Wir-Gefühl.

Schon in der Zeit der Formel-1-Rennen trat Bruder Ralf als Konkurrent auf. Dabei scheint es Ralf viel leichter zu haben: »Bei Ralf sieht alles so leicht aus, obwohl er genauso professionell um alles kämpft, was er erreichen will«, sagte der langjährige frühere Manager Willi Weber. »Ralf macht es sich nicht so schwer wie Michael.« Ralf geht es mehr darum, das Leben zu genießen. Trainieren, bis das kleinste Detail perfekt ist, liegt ihm nicht. Ralf ist in Michaels Horoskop als Krebstyp beschrieben: Mond auf der Spitze des 2. Hauses im Krebs. Michael dagegen denkt mit dem Deszendenten im Skorpion plutonisch und setzt das auch im Handeln um: Pluto steht im 5. Haus. Ralf ist sechs Jahre jünger als Michael, der schon mal auf ihn aufpassen musste. »Schumi 2« will Ralf aber trotzdem nicht sein. Heute ist Ralf DTM-Pilot und gehässige Stimmen in den Medien sagen ihm nach, er habe seinen Platz in der Formel 1 nur wegen seines Nachnamens bekommen.

Lilith-Konstellationen in Michael Schumachers Radix:
Lilith Konjunktion Spitze 2 (00°12‘)
Lilith Quadrat Pluto (02°53‘)
Lilith Spiegelpunktquadrat Jupiter (02°10‘)

Mond und Lilith in Michael Schumachers Horoskop

In Michael Schumachers Horoskop steht Lilith an einer herausragenden Stelle. Daher muss davon ausgegangen werden, dass die von Lilith angezeigten Themen auch eine besonders wichtige Rolle in seinem Leben einnehmen. Außerdem ist zu erwarten, dass bei wichtigen Ereignissen, welche Schumachers Lilith-Themen betreffen, auch Lilith-Auslösungen zu finden sind. Die bereits gezeigten Horoskope bestätigen diese These. Wenn die Geburtszeit stimmt, bzw. wenn sie richtig korrigiert wurde, muss Lilith z. B. bei dem letzten, schweren Unfall 2013 ausgelöst worden sein, und zwar vor allem über die Hausspitzen.

Die IC/MC-Achse in Michael Schumachers Horoskop

IC im Krebs, MC im Steinbock: Die IC/MC-Achse in den Zeichen Krebs/Steinbock beschreibt einen gefühlvollen, stimmungsabhängigen Menschen, der auch gern mal über das reden möchte, was so in ihm vorgeht. Alles, was mit Bewegung, Körperausdruck und Gesehen-Werden zu tun hat, spricht ihn zutiefst an. Beide Aussagen sind am Mond als Herrscher des 4. Hauses auf der Spitze des 3. Hauses erkennbar. Steinbock am MC legt nahe, etwas zu tun, was von anderen als maßstäblich empfunden wird, womit man »ein Zeichen setzen« kann. Mit Saturn im 12. Haus soll das in der großen Öffentlichkeit geschehen. Merkur am MC als Herrscher des 2. Hauses bringt das Thema Finanzen, etwas verdienen, die Finanzsorgen der Familie lösen, als ein Lebensziel ein. Gleichzeitig will sich Michael Schumacher damit einen persönlichen Freiraum schaffen, denn der Merkur herrscht auch über das 6. Haus. Mars ist eigentlich zu weit von der IC/MC-Achse entfernt, um noch ein Quadrat zu bilden. Über das Quadrat zu Merkur fließt er dann doch noch in die Lösungsstrategie am MC ein und bestätigt Schumachers Neigung zu Aggression und Rücksichtslosigkeit, die am Mars-Spiegelpunkt zur AC/DC-Achse bereits erkennbar ist. Schumacher will sich unter allen Umständen durchsetzen und behaupten – er will siegen um jeden Preis.

Venus als Quasi-MC: Zu den IC/MC-Themen kommt Venus auf 28° 31'Wassermann im Quadrat zur AC/DC-Achse dazu. Für ein Planetenquadrat auf eine Hauptachse können 3 Grad nach beiden Seiten zugrunde gelegt werden. Durch das Quadrat auf die AC/DC-Achse ist Venus der höchste Planet im Horoskop und bildet damit ein Quasi-MC – eine Analogie zum MC als höchstem Punkt aller Häuser. Mit den Konstellationen Venus/Mars (Venus im Quadrat zum Aszendenten) und Venus/Venus (Venus im Quadrat zum Deszendenten) stellt die Venus den wichtigsten Planeten im Horoskop dar. Sie regiert über den Aszendenten und das 6. Haus, was für überschnelle Reaktionen und Aggression im Selbstausdruck spricht, in der Art, seine Gefühle zu äußern und mit anderen umzugehen. Durch Venus/Venus ist das nicht immer so – man wählt, wann und bei wem diese aggressive Qualität, die durch Mars im 6. Haus bestätigt wird, hervortritt.

Quasi-MC und Quasi-IC: Planeten, die zur IC/MC-Achse zählen. Der Begriff »Quasi-MC« wurde von Michael Roscher für den

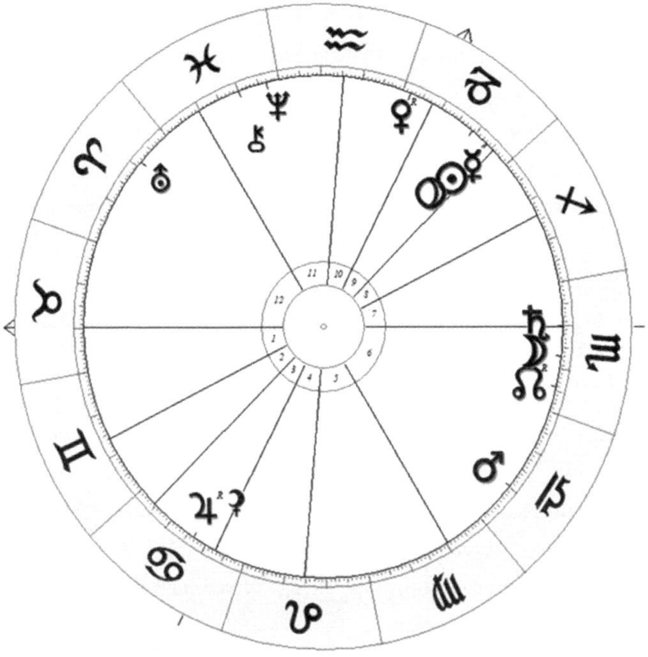

Abbildung 9: Michael Schumachers schwerster Unfall war der Skiunfall am 29.12.2013 oberhalb von Meribel, Frankreich. Um 11:07h ging der Notruf ein. Tageshoroskop vom 28.12.2013.

höchsten Planeten im Horoskop geprägt. Analog dazu verwende ich für den tiefsten Planeten im Horoskop den Begriff »Quasi-IC«. Der tiefste Planet ist ein Planet, der von der unteren Horoskophälfte aus, also von der Seite des IC, ein Quadrat auf die AC/DC-Achse bildet. Da das IC im EOA®- Deutungsmodell die tiefsten Motivationen beschreibt und damit das Lebensfundament bildet, ist ein Planet am Quasi-IC von größter Bedeutung.

Der inhaltliche Unterschied zwischen dem Quasi-MC und dem Quasi-IC besteht in seiner Position: Ein Planet am Quasi-MC ist Teil der Lösungswege, die wir ausprobieren, um unsere Motive und Sehnsüchte am IC zu befriedigen. Als Beispiel kann Saturn am Quasi-MC bedeuten, dass gesellschaftliche Anerkennung und Erfolg als Lösung für innere Themen gesehen werden.

Am 29.12.2013 stürzt Michael Schumacher auf einer Skipiste im französischen Skigebiet Meribel. Als Zeit wird angegeben: gegen 11 Uhr bzw. kurz nach 11 Uhr. Für kurz nach 11 Uhr spricht, dass der Notruf um 11 Uhr 07 bei der Bergstation Saulière eingeht. Zwischen dem Sturz und der Rettung vergehen nur wenige Minuten.

Das Tageshoroskop wird auf den 28.12.2013 berechnet, da der Unfall vor Schumacher Geburtszeit stattfand. In diesem Tageshoroskop fällt auf, dass Lilith exakt am Tages-IC steht. Die dunkle Geschichte der Lilith hat Michael Schumacher an diesem Tag beschäftigt. Ob es der Zwist mit Bruder Ralf war oder ein Missklang in seiner Ehe oder ob Erinnerungen an schwierige Erlebnisse in der Gemeinschaft wachgerufen wurden – da Schumacher einen Unfall hatte, beschäftigte ihn wohl eher die schwierige Lilith als eine Befreiungserfahrung.

Saturn als Herrscher des 10. Hauses steht exakt am Deszendenten: Schumacher setzt zum Schwung an, verliert in dem eher flachen Neuschnee die Kontrolle. »Er prallt dabei mit dem durch einen Helm geschützten Kopf auf einen Felsbrocken und erleidet ein schweres Schädel-Hirn-Trauma. Der Helm, so die Ärzte später, rettet ihm in dieser Situation das Leben«, berichtet das Internetportal RP-online an diesem Tag.[10] Das Tageshoroskop ist eine geradezu wörtliche Abbildung der Situation: Saturn, der Fels, im Begegnungsbereich. Als Herrscher des 10. Hauses ist Saturn gleichzeitig Teil des Tagesergebnisses.

Die AC/DC-Achse steht auf 19° 49‘ Stier/Skorpion. 19-20° in den fixen Zeichen enthalten die Konstellation Uranus/Neptun. Michael Roscher definierte diese Konstellation mit dem Satz »Wunder

10 Chronologie zum Skiunfall von Michael Schumacher. https://rp-online.de/sport/formel1/ski-unfall-von-michael-schumacher-eine-chronologie_iid-9475769

Abbildung 10: Michael Schumacher: Unfall 2013, Unfallzeit zwischen 11 Uhr und 11:06 Uhr. Um 11:07 Uhr ging der Notruf ein. Gewählte Zeit für den Transitdirektionsbogen (TD) (außen) des Aszendenten: 11:05 Uhr.

werden wahr«. Gemeint ist, dass etwas geschieht, mit dem man niemals gerechnet hätte – auch »blaue Wunder« können es sein. Der Kritische Grad reicht von 19° bis 20°. Es geschieht etwas vollkommen Unvorstellbares.

Für den Unfall habe ich den Transitdirektionsbogen des 1. Hauses gewählt, denn der Aszendent ist für das Körperliche zuständig.

Um 11 Uhr 05 beträgt der Transitdirektionsbogen des Aszendenten 270° 30‘ 40“. Diesen Weg hat er von seiner Radixposition aus gesehen um 11 Uhr 05 zurückgelegt. Alle Horoskopfaktoren werden um diesen Bogen nach vorn verschoben. Das Transitdirektionsbogen-Horoskop wird als Synastrie um das Radixhoroskop gelegt und die Verbindungen zwischen beiden Horoskopen wie in der Synastrie üblich gedeutet. Transitdirektionen sind wie die Zeiger einer Uhr: Sie laufen ohne Unterlass weiter.

Um 11 Uhr steht Michael Schumacher auf der Piste. Der transitdirektionale Pluto (Pluto TD), dirigiert nach dem Bogen des 1. Hauses, ist kurz zuvor über die Radix-Lilith und die Spitze des 2. Hauses gelaufen (zwischen 10 Uhr 58 und 11 Uhr). Um 11 Uhr 04 erreicht der Aszendent TD die Radix-Venus, die unter anderem das Risiko eines Unfalls in sich trägt. Venus TD transitiert über den Neptun und den Deszendenten: etwa draußen nicht klar sehen. Um 11 Uhr 05 erreicht der Aszendent TD den Kritischen Grad 0° Fische: Uranus/Neptun: Etwas Unvorstellbares geschieht. Um 11 Uhr 06 geht die IC/MC-Achse über 0° Stier/Skorpion: Substanzverlust, körperliche Gefährdung, die Abläufe im Körper als Folgen des Unfalls.

Der Uranus/Neptun-Grad löst den Radix-Saturn als Herrscher des 10. Hauses im 12. Haus aus: Saturn im 12. Haus bildet die Konstellation Saturn/Neptun, und Saturn als Herrscher des 10. Hauses im 12. Haus entspricht ebenfalls Saturn/Neptun. Die Konstellationen Uranus/Neptun und Saturn/Neptun schwingen als gegenpolare Prinzipien miteinander und lösen sich gegenseitig aus.

In Schumachers Radix weist Saturn als Herrscher des 10. Hauses im 12. Haus darauf hin, dass er in der großen Öffentlichkeit Karriere machen kann und zu einem Vorbild in seinem Fach wird. Saturn/Neptun bedeutet jedoch potenziell auch Schwäche, Verlust des Halts, Zusammenbruch.

Meghan Herzogin von Sussex: Lilith im 5. Haus

Abbildung 11: Meghan Markle, jetzt Herzogin von Sussex, Radix: 4.8.1981, Canoga Park, Kalifornien, USA. Zeitangabe 04:46 PDT. Die Überprüfung der Geburtszeit ergab eine Korrektur auf 4:40 PDT.

Biografie

Diskriminierung und Geldsorgen prägten Rachel Meghan Markles Kindheit. Die Tochter eines weißen Amerikaners und einer afroamerikanischen Sozialarbeiterin wurde schon früh mit Rassismus konfrontiert. Die Rassentrennung war zwar 1964 durch den Civil Rights Act abgeschafft worden, aber im Alltag bestand der Rassismus fort. Die Mutter von Meghan, mit der sie zeitlebens innig verbunden war, wurde oft wegen ihrer Hautfarbe diskriminiert und beleidigt. So wurde ihre Mutter wegen ihrer dunklen Hautfarbe oft für ihre »Nanny« gehalten. Meghan selbst hatte eine besondere Hautfarbe, die sich nicht einordnen ließ. In ihrem Essay für Elle beschreibt sie, dass sie oft nicht wusste, wer und was sie ist, da ihre Hautfarbe in keines der damals gebräuchlichen Schemata passte. Ihr Vater habe sich darum bemüht, die Familie in ihren Barbies nachzubilden. Eine dunkelhäutige Puppe war die Mutter, eine hellhäutige der Puppenvater und die Kinder hatten beide Farben. Die Hausachse 2/8 steht auf 14°36‘ Löwe/Wassermann. Von 14°-16° fixe Zeichen erstreckt sich der Kritische Grad mit dem Inhalt Sonne/Uranus. An Meghans Körper (2. Haus) ist etwas »anders«. Das Gleiche gilt auf der Seite des 8. Hauses. Dort sind es die Sippenmerkmale, die sich unterscheiden.

Die Familie hatte Geldsorgen (Spitze des 2. Hauses auf dem Sonne/Uranus-Grad, instabile Finanzen) und auch Meghan wurde diskriminiert. Immer wieder erlebte die Familie rassistische Anfeindungen (Uranus als Herrscher des 8. Hauses, Sippenmerkmale, in Konjunktion mit Lilith im 5. Haus. Dieses Anderssein und deswegen nicht akzeptiert zu werden motivierte Meghan zu einem uranisch-rebellischen Handeln).

Meghan wuchs in Crenshaw, einem Viertel von Los Angeles auf, wo Bandenkriege, Überfälle und Mord an der Tagesordnung waren. Tom Markle und Doria Ragland ließen sich 1988 scheiden. Meghan war sechs Jahre alt. Trotz großer finanzieller Probleme schickte Doria ihre Tochter auf eine katholische Privatschule und kämpfte als alleinerziehende Mutter dafür, dass Meghan studieren konnte.

Mit Venus als Herrscherin des 4. Hauses im 3. Haus und Mars als Herrscher des 10. Hauses ist Meghans Mutter als eine Frau gezeichnet, der es wichtig ist, dass man in seinem Auftreten einen guten, ansprechenden Eindruck macht. Die Konjunktion von Mond, Jupiter und Saturn zählt nach der 1/6-Regel ins 3. und 4. Haus. Bei dieser Regel wird die Spannweite des Hauses, vor dessen Grenze der Planet steht, durch 6 geteilt. Das Ergebnis entspricht dem Orbis, bis zu dem ein Planet in dieses Haus gehört. Die Mond/Jupiter/Saturn-Konjunktion weist darauf hin, dass die Mutter und auch Meghan selbst gesellschaftliche Anliegen haben bzw. etwas in der Gesellschaft darstellen wollen. Pluto im 4. Haus entspricht der Konstellation Mond/Pluto, was für feste Überzeugungen spricht, von denen man sich nicht abbringen lässt.

2002 musste Doria Insolvenz anmelden. Heute arbeitet sie als Yogalehrerin, Schmuckdesignerin und Sozialarbeiterin in einem gemieteten Büroraum auf einem Tankstellengelände in Crenshaw (Mars als Herrscher des MC im 12. Haus zeichnet das Bild einer Mutter, die es selbst schaffen will. Ebenso führte Meghan ihr Leben und erarbeitete sich Erfolg in der Öffentlichkeit). Meghan studierte Theaterwissenschaften und Internationale Beziehungen. 2003 machte sie den Bachelor an der Northwestern University in Chicago und arbeitete kurze Zeit bei der US-amerikanischen Botschaft in Buenos Aires.

Meghan wusste schon früh, dass sie Filmschauspielerin von Beruf werden wollte. Mit Venus als Herrscherin des 4. Hauses im 3. Haus ist es Meghans tiefster Wunsch, sich auf ästhetische Weise darzustellen, gesehen und schön gefunden zu werden. Die Mond/Jupiter/Saturn-Konjunktion belegt gesellschaftlichen Ehrgeiz. Als Realisierungsweg bietet Mars als Herrscher des 10. Hauses im 12. Haus an, dazu die virtuelle Welt, die Kinoleinwand, zu nutzen. So kann man weltweit gesehen werden, 12. Haus. Nach mehreren Filmen bekam sie ab 2011 ihre erste Hauptrolle als Anwaltsgehilfin Rachel Zane in der Serie SUITS. Außerdem führte sie den Lifestyleblog THE TIG, wo es unter anderem Mode-, Reise- und Ernährungstipps gab, und verdiente Geld mit Kalligrafie. 2005 hat sie beispielsweise die Hochzeitseinladungen für Robin Thicke und Paula Patton entworfen.

Immer wieder stand Meghan vor Hindernissen. Weder schwarz noch weiß – in der Schule und in der Filmindustrie wurde sie als Mix betrachtet, erzählt sie in der Rückschau. »Ich war nicht schwarz genug für schwarze Rollen und nicht weiß genug für weiße Rollen«. Man betrachtete sie als »ethnisches Chamäleon« und sie habe deswegen keine Rollen bekommen. Uranus als Herrscher des 8. Hauses Konjunktion Lilith im 5. Haus: Sippenmerkmale behindern den kreativen Selbstausdruck und die Möglichkeit, zu tun, was man möchte. Das durch die ethnische Herkunft geprägte Aussehen »verstößt« gegen die Vorstellungen. Dieser Schmerz und die starke Beziehung zur Mutter, die ebenfalls aufgrund von Vorurteilen abgewertet wird – sie konnte ja nur die Nanny, niemals die Ehefrau sein – motivieren Meghans Handeln: 4. Haus als Grundlage, aus der das Handeln im 5. Haus hervorgeht. Mit Uranus/Lilith-Konjunktion im 5. Haus handelt Meghan rebellisch, wehrt sich, will weder die Diskriminierung noch die übliche Frauenrolle der Unterordnung akzeptieren.

Bereits mit 11 Jahren setzte sie sich für Frauenrechte ein. Damals regte sie sich über einen sexistischen Werbespot für Spülmittel auf und schrieb deshalb an die damalige First Lady Hillary Clinton einen Brief. Das Ergebnis: Die Werbung wurde schließlich abgeändert. In diesem Jahr steht die Spitze des 5. Hauses, Handeln, im Nabodbogen direkt dirigiert in exakter Konjunktion zum Radix-Uranus und damit auch zu Lilith. Im Nabodbogen convers bildet Uranus ein völlig exaktes Quadrat zur Radix-Hausachse 2/8. Der Nabod-Pluto steht exakt am IC).

Die Boulevard-Presse war seit der Hochzeit voll von den Querelen am englischen Königshof. Meghan will einfach nicht ins Bild passen. Nach ihren Vorstellungen müsste die britische Monarchie modernisiert werden. Ihre Verhaltensweisen und Ansichten provozieren (Uranus als Herrscher des 8. Hauses in Konjunktion zu Lilith im 5. Haus). Hinzu kommt, dass Meghans Vater immer wieder Öl ins Feuer gießt. (Uranus/Lilith beschreibt in Meghans Horoskop auch den Vater, 5. Haus. Die Achse 5/11 steht auf 15°41‘ Stier/Skorpion. 14-16° Stier/Skorpion entsprechen der Konstellation Venus/Pluto: Opferrolle. Etwas erleiden müssen. Leiden am Vater.) Schon vor der Hochzeit ließ Thomas Markle gestellte Paparazzi-Fotos machen, die ihn bei den Vorbereitungen für die Hochzeit zeigten. An dieser nahm er dann jedoch gar nicht teil, unter anderem, weil er an Herzattacken litt. Im August 2018 schrieb Meghan einen fünfseitigen Brief an ihren Vater, um ihr angespanntes Verhältnis zu klären. Doch Thomas Markle beging einen weiteren Vertrauensbruch (Uranus als Herrscher über das 8. Haus bringt das Thema Vertrauen in Meghans Vaterbild ein, bzw. durch die Konjunktion zu Lilith den Vertrauensbruch). Markle ließ den Brief in der britischen DAILY MAIL veröffentlichen. Meghan schreibt darin: »Daddy, ich schreibe dir das mit schwerem Herzen, weil ich nicht verstehe, warum du diesen Weg gewählt hast und es dich nicht interessiert, dass er Schmerzen verursacht.« Und weiter heißt es: »Deine Taten haben mein Herz in Millionen Teile zerbrochen. Nicht nur, weil du diese unnötigen und ungerechtfertigten Schmerzen produziert hast, auch, weil du, als du dich dafür entschieden hast, nicht die Wahrheit zu erzählen, dich auch noch wie eine Marionette behandeln lassen hast.« Sein Handeln werde sie nie verstehen, sagt Meghan.[11]

Für die Ehe mit Prinz Harry hat Meghan ihre Vorhaben aufgegeben: ihre Karriere als Filmschauspielerin, ihr humanitäres Engagement, das sie nur im Rahmen der Angelegenheiten des britischen Königshauses weiterführen wird. Doch Meghan bleibt die Frau, die für Frauenrechte eintritt, die Diskriminierung, Benachteiligung und Beleidigungen nicht vergessen wird. Ihre Vorstellungen und ihr Handeln sind darauf ausgerichtet, den Gegenkurs zu steuern, sich nicht anzupassen und alte Zöpfe abzuschneiden. Es bleibt abzuwarten, ob es Meghan auf Dauer genügt, ihre Beziehung zu leben und durch eine Bindung (8. Haus) in eine völlig andere Welt höchsten gesellschaftlichen Ranges Zutritt erlangt zu haben. Mit dem Mond im 3. Haus in ihrem Horoskop ist ihre Wahrnehmung auf Auftreten, Gesehen-Werden, Sich-Mitteilen gerichtet. Da der Mond aus dem 1. Haus kommt, ist das nicht nur ein

---

11 Thomas Markle veröffentlicht Brief von Herzogin Meghan. https://www.t-online.de/unterhaltung/stars/royals/id_85229574/thomas-markle-veroeffentlicht-brief-von-herzogin-meghan.html

Wahrnehmungsschwerpunkt, sondern ein angeborenes Talent. Meghan setzt sich durch ihre Art des Auftretens durch und sorgt für sich und ihre Bedürfnisse. Vielleicht wird es ihr mithilfe des Waage-ICs und Venus im 3. Haus gelingen, eine Erweiterung ihrer Rolle zu erreichen und auch außerhalb der Krone mehr von dem tun zu können, was ihr am Herzen liegt – frischer Wind für das Königshaus.

Lilith-Konstellationen in Meghans Radix:
Lilith Opposition Chiron (01°46')
Lilith Konjunktion Uranus (01°52')
Lilith Spiegelpunkt Merkur (00°32')
Lilith Opposition Venus (-06°25')

Mond-Konstellationen in Meghans Radix:
Mond Konjunktion Jupiter (01°49')
Mond Konjunktion Saturn (01°00')

Mond und Lilith in Meghans Horoskop

In Meghans Horoskop nehmen Mond und Lilith einen wichtigen Platz ein. Der Mond bildet eine enge Konjunktion mit Jupiter und Saturn, Lilith eine enge Konjunktion zu Uranus. Daher muss davon ausgegangen werden, dass Mond und Lilith diejenigen Themen beschreiben, die in Meghans Leben besonders prägend sind. Außerdem ist zu erwarten, dass bei wichtigen Ereignissen, welche die von Mond und Lilith angezeigten Themen betreffen, auch Lilith-Auslösungen zu finden sind.

Durch die Mond/Jupiter/Saturn-Konjunktion ist Meghans beruflicher und gesellschaftlicher Erfolg zu einem beträchtlichen Teil in ihrer Art des Auftretens angelegt: Die Konjunktion zählt über den Mond in das 3. Haus, das persönliche Auftreten. Meghans Art, aufzutreten und zu kommunizieren (3. Haus), hat die Anlage, in der Gesellschaft bedeutsam werden zu können (Jupiter/Saturn). Über Jupiter und Saturn zählt die gesamte Konjunktion auch in das 4. Haus, an dem ihre Lebensgrundmotive zu finden sind. Mit Mond/Jupiter/Saturn im 4. Haus ist es für Meghan ein zentrales Motiv, eine gesellschaftlich bedeutsame Position einzunehmen.

Die Konjunktion von Lilith mit Uranus beschreibt ihr von schmerzhaften Erlebnissen geprägtes, rebellisches Verhalten, mit dem sie unter anderem die Diskriminierung von Frauen anprangert, und ihr schwieriges Verhältnis zu ihrem Vater (beides Lilith Konjunktion Uranus im 5. Haus).

Die IC/MC-Achse in Meghans Horoskop

Waage am IC, Widder am MC: Nachdem Mond und Lilith bereits weiter oben beschrieben wurden, wende ich mich nun noch der IC/MC-Achse zu, die Meghans großen Lebensrahmen absteckt. Waage am IC betont ihre innige Beziehung zur Mutter (»die Liebe zur Mutter«). Meghan findet Erfüllung in der Gemeinsamkeit, in Beziehungen aller Art, vor allem in der einen großen Beziehung, nach der sie mit Sehnsucht gesucht hat (Waage). Für eine Beziehung kann sie auf vieles verzichten und lieber Beziehungsharmonie als Eigendurchsetzung leben. Mit Venus im 3. Haus will sie Ästhetik, Harmonie, Freundlichkeit nach außen zeigen. Nur Uranus und Lilith gebärden sich wie Kobolde und schießen öfter mal quer. Dann »tanzt« Meghan aus der Reihe und aus der Rolle als Herzogin von Sussex.

Jupiter und Saturn in enger Konjunktion mit dem Mond zählen nach der 1/6-Regel schon ins 4. Haus. Über die Konjunktion zum Mond, der noch ins 3. Haus zu rechnen ist, nehmen sie am 3. Haus teil und der Mond wirkt sich über Jupiter und Saturn auch im 4. Haus aus. Die körperliche Selbstdarstellung und Kommunikation (3. Haus) dienen gleichzeitig den inneren Motiven (4. Haus), die mit einer Jupiter/Saturn-Konjunktion darauf ausgerichtet sind, etwas von Bedeutung in die Welt zu bringen.

Abbildung 12: Meghan Markle, Tageshoroskop 19.5.2018. Hochzeit mit Prinz Harry. Seitdem Duchess of Sussex und Mitglied der britischen Königsfamilie.

Mit Widder am MC sieht Meghan die Chance, Jupiter/Saturn in die Welt zu bringen, darin, sich durchzusetzen. Nicht aufgeben, sich behaupten. Dieses Durchsetzen geschieht im 12. Haus, in dem Mars als Herrscher des MC steht: in der Öffentlichkeit, über die Medien, durch eine öffentliche Rolle. Diese Rolle kann ebenso ein humanitäres Engagement sein wie die Rolle der Herzogin von Sussex an Prinz Harrys Seite.

Auch ohne Meghans Biografie zu kennen, nur mit dem Wissen, dass sie in das britische Königshaus eingeheiratet hat, lässt das Tageshoroskop der Hochzeit deutlich erkennen: Meghan ist es gelungen, einen

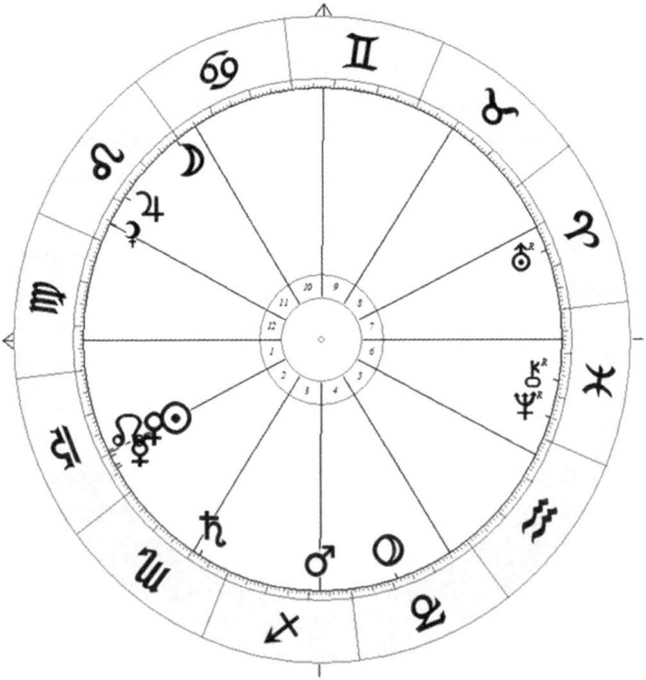

Abbildung 13: Meghan Markle, Tageshoroskop 16.10.2014. Sie spricht auf dem jährlichen Gipfel der Wohltätigkeitsorganisation One Young World über Geschlechtergerechtigkeit und moderne Formen der Sklaverei.

schmerzvollen Wunsch, eine mit ihrer dunklen Geschichte verbundene Vorstellung zu verwirklichen. Pluto steht in Konjunktion Lilith am Tages-MC in Opposition zum Mond am Tages-IC: An diesem Tag verbinden sich die tiefste Sehnsucht und ihre Realisierung in der Gesellschaft. Meghan, die so oft diskriminiert worden war, die erlebte, wie ihre Mutter angefeindet und beleidigt wurde, die Filmjobs wegen ihrer Hautfarbe nicht bekam, steht nun ganz oben in der gesellschaftlichen Hierarchie. Was für eine unglaubliche Faszination diese Möglichkeit auf sie ausgeübt haben muss, lässt sich auch daran erkennen, dass Pluto im Radixhoroskop im 4. Haus steht: Konstellation Mond/Pluto, »ich genüge nicht«. Der Tageshoroskop-Mond greift den Radix-Mond als Herrscher des Aszendenten im 3. Haus auf: sich durchsetzen, indem man auftritt und gesehen wird. Und das auf neuartige Weise, eine Weise, die ein Zeichen setzt: Mond/Jupiter/Saturn, die zum 3. und 4. Haus zählen.

Bis zu ihrer Hochzeit mit Prinz Harry war Meghan in humanitären Angelegenheiten engagiert. Sie war Botschafterin für die internationale Wohltätigkeitsorganisation One Young World, die junge Führungspersönlichkeiten aus aller Welt zusammenbringt, um Lösungen für die dringendsten Probleme der Welt zu entwickeln. Auf dem jährlichen Gipfel der Organisation sprach sie 2014 über Geschlechtergerechtigkeit und moderne Formen der Sklaverei. 2016 wurde Meghan außerdem zur Botschafterin für die Organisation World Vision Canada ernannt, wo sie sich als Mitglied der Clean Water Campaign für die Bereitstellung von sauberem Wasser einsetzte und nach Ruanda reiste. Ihre Reise nach Indien hatte zum Ziel, auf Themen wie Bildung, Hygiene, Empowerment, wirtschaftliche Entwicklung und Gesundheit bei Frauen und jungen Mädchen aufmerksam zu machen. Sie war Botschafterin für UN Women, eine Einheit der Vereinten Nationen für Gleichstellung und Ermächtigung von Frauen (United Nations Entity for Gender Equality and the Empowerment of Women).[12]

Mars am Tages-IC zeigt ihren festen und kämpferischen Willen, ihre Vorstellungen – Mars herrscht hier über das 8. Haus – vorzubringen und dadurch hervorzuheben, dass sie nicht irgendwer ist, sondern eine eigene, individuelle Botschaft vertritt: Jupiter als Herrscher des IC steht im 11. Haus. Der Mond im 11. Haus bekräftigt diesen Wunsch. Lilith an der Spitze des 12. Hauses bringt ihre dunkle Geschichte ein und gibt ihr die Möglichkeit, das Erlebte und ihre daraus entstandenen Überzeugungen in der Öffentlichkeit zu präsentieren.

---

12 Meghan, Duchess of Sussex. https://de.wikipedia.org/wiki/Meghan,_Duchess_of_Sussex

Edith Piaf: Lilith im 8. Haus

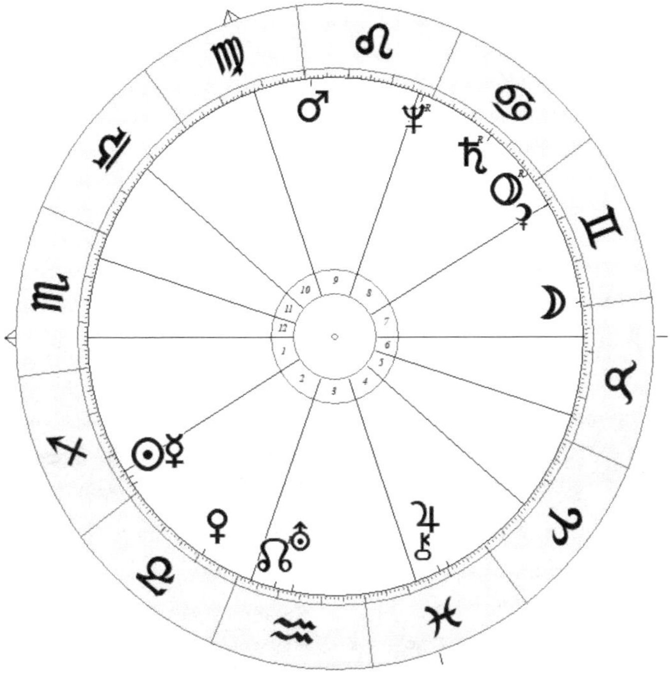

Abbildung 14: Edith Piaf, Radix: 19.12.1915, Paris, Frankreich. Zeitangabe 05:00 GMT. Die Überprüfung der Geburtszeit ergab eine Korrektur auf 4:58 GMT.

Biografie

Edith Piaf, die große Chansonnière, starb am 11. Oktober 1963. Die nur einen Meter siebenundvierzig große Frau strahlte eine unglaubliche Intensivität und Lebenskraft aus, die jeden in den Bann zog, der sie erlebte. Der »Spatz von Paris«, wie sie zärtlich genannt wurde, lebte nur 48 Jahre – Jahre voller Erfolge und seelischer Zusammenbrüche, wie sie nur wenige Menschen erleben. Ihre Chansons sind unvergessen, ihr Leben berührt noch heute jeden, der sich damit befasst. Ihr größter Erfolg gelang ihr erst kurz vor ihrem Tod – »Non, je ne regrette rien«. Nein, ich bereue nichts. Als Komponist Charles Dumont am 5. Oktober 1960 dieses Lied anstimmte, jubelte Edith: »Darauf habe ich mein ganzes Leben gewartet. Dieses Chanson wird die Welt erobern!« Nur drei Jahre durfte sie den sensationellen Erfolg dieses Liedes miterleben. Unmengen an Morphium und Alkohol hatten ihre Gesundheit zerstört.

Geboren wurde Edith als Tochter einer minderjährigen Straßensängerin und eines Straßenakrobaten. Vater Louis musste in den Krieg und ihre Mutter, Anetta Gassion, brachte sie zu ihrer Mutter, von der Edith keine Zuneigung, aber bereits den ersten Alkohol bekam: »Als ich klein war, gab mir meine Großmutter jeden Morgen die Flasche mit Rotwein und etwas Wasser«, heißt es in ihren Erinnerungen.[13] Die Mutter der Mutter ist im 7. Haus zu finden. Der Deszendent steht auf 23° Stier: Saturn/Uranus, was für eine wenig liebevolle Großmutter spricht, zumindest für eine stressvolle Beziehung. Der Mond im 7. Haus bildet ein Quadrat zu Mars im 9. Haus, die aggressive Großmutter, Angst vor der Großmutter. Der Mond kommt aus dem 8. Haus, Konstellation Venus/Pluto: Die Großmutter drückt Edith ihre Vorstellungen auf. Ediths Mutter meldete sich erst Jahrzehnte später wieder bei ihr, als Edith bereits ein Weltstar war und sie dringend Geld brauchte. Das IC in den Fischen auf 12°, Konstellation Jupiter/Neptun, beschreibt das völlige Desinteresse der Mutter. Edith kommt in der Welt der Mutter nicht vor. Die Jupiter/Chiron-Konjunktion im 4. Haus zeigt den riesengroßen ohnmächtigen Schmerz, den Edith in ihrer Einsamkeit empfunden haben muss. Dieser Schmerz begleitete sie lebenslang und wurde immer wieder durch Ereignisse wie Trennungen – Deszendent auf dem Trennungsgrad Saturn/Uranus – wachgerufen.

---

13 Piaf, Edith: Mein Leben, Reinbek 1995.

Als Louis Gassion aus dem Krieg zurückkehrte, fand er ein völlig verwahrlostes Kind vor. Er brachte es zu seiner Mutter, die ein Bordell in der Normandie führte. Dort wurde sie liebevoll aufgenommen und als Ediths Augen unheilbar erkrankten, wurde sie durch eine Wallfahrt zur Heiligen Thérèse von Lisieux geheilt (die Mutter des Vaters ist im 8. Haus zu finden) Dort steht Lilith – bei der Großmutter erlebt Edith eine positive Form ihrer großen, schmerzvollen Sehnsucht danach, Bindung und Zugehörigkeit zu erleben. Saturn im 8. Haus im Quadrat zur Achse 5/11 zeigt, dass die Großmutter Edith Halt geben konnte. Pluto im 8. Haus spricht als Herrscher des Aszendenten von einem massiven Bindungswunsch, der Edith schon in die Wiege gelegt ist. Die Großmutter kann für eine bestimmte Zeit etwas davon erfüllen.

Dass Ediths Augen nach der Wallfahrt gesund wurden, lässt sich über die Jupiter/Neptun-Konjunktion im 4. Haus verstehen: der sehr große Glaube, das völlige Vertrauen. Als Erwachsene wiederholte Edith diese Wallfahrt jedes Jahr inkognito.

Als sie sieben war, nahm ihr Vater sie das erste Mal mit auf Tournee. Drei Jahre später begleitete sie ihn dauerhaft und schulte in dieser Zeit ihre eindrucksvolle Stimme. Bis zum 15. Lebensjahr zog Edith mit ihrem Vater von Jahrmarkt zu Jahrmarkt, schlief unter Brücken, in schmuddeligen Varietés und in Hinterhöfen. Dann verließ sie den alkoholkranken und gewalttätigen Mann im Streit und verdiente sich ihren Unterhalt als Straßensängerin.

Ihr ganzes Leben war sie auf der Suche nach der großen Liebe, als könne die Liebe sie erlösen, doch nie fand sie, wonach sie suchte. Vierzehn Männer hatte sie geliebt, zahllose Affären sollten ihre Einsamkeit vertreiben. »Stets ist die Liebe von mir geflohen. Nie konnte ich den, den ich liebte, lange in den Armen halten. Jedes Mal, wenn ich glaubte, den Mann meines Lebens gefunden zu haben, wurde alles zunichte und ich war wieder allein.« (Mond im 7. Haus, Lilith auf der Spitze des 8. Hauses)

Ihr Umgang mit Geld und ihre Großzügigkeit Freunden gegenüber brachten sie an den Rand des finanziellen Ruins. Edith Piaf förderte

Liebhaber und Freunde wie Charles Aznavour, Gilbert Bécaud, Yves Montand und Georges Moustaki und legte den Grundstein zu ihrer Karriere. Mit der Spitze des 2. Hauses auf 24°19' Schütze, Konstellation Jupiter/Pluto/Jupiter, wird Geld ohne Rücksucht auf Verluste gemäß der Überzeugungen ausgegeben, die wiederum von dem großen Schmerz des Alleinseins im 4. Haus und von Mond und Lilith angetrieben werden, denn das 2. Haus kann sich, wie jeder andere Faktor im Horoskop, nur so entfalten, wie es die IC/MC-Achse und im Weiteren Mond und Lilith vorgeben.

Ihre große Liebe, der Boxer Marcel Cerdan, stürzte 1949 mit dem Flugzeug über den Azoren ab. Edith brach zusammen, als sie die Todesnachricht erhielt – und stand schon am gleichen Abend wieder auf der Bühne. Edith Piaf war einer jener Menschen, die größte Intensität lieben und brauchen. Was Edith Piaf wirklich antrieb, lässt sich an ihrer IC/MC-Achse und an Mond und Lilith schlüssig ablesen.

Lilith-Konstellationen im Radixhoroskop von Edith Piaf:
Lilith Opposition Sonne (2,2)
Lilith Opposition Merkur (4,0)
Lilith Quadrat Jupiter/Chiron (3,4)

Die IC/MC-Achse in Edith Piafs Horoskop

Die IC/MC-Achse als Grundlage des Lebensverlaufs und Drehbuchautor für den roten Faden, der sich durch das Leben zieht, schildert Edith Piafs Leben mit großer Eindrücklichkeit. Wie der Körper eines Kreisels sich um seine Achse dreht, so drehen sich alle zentralen Ereignisse und Motive Edith Piafs um ihre IC/MC-Themen. Mond und Lilith, die weitere detaillierte Aussagen zu diesem Grundthema liefern, bestätigen, was Edith Piaf an Freud und Leid erlebt hat.

Das IC auf 12° Fische entspricht dem Kritischen Grad Jupiter/Neptun, also der sehr große Neptun. Unklare Verhältnisse von Geburt an, die minderjährige Mutter hat kein Interesse an dem Kind: Jupiter/Neptun, die kindliche und/oder verantwortungslose Mutter. Edith ist nicht wichtig, wird als menschliches Wesen übersehen, bei der Großmutter abgestellt und früh mit so viel Rotwein versorgt, dass sie still ist (Jupiter/Neptun). In Ediths tiefstem Innern herrschen große Einsamkeit, Verlassen-Sein und Angst (Jupiter/Neptun). Die Heilung ihrer von Ärzten als unheilbar erklärten Augenerkrankung geschieht auf wundersame Weise nach einer Wallfahrt (Jupiter/Neptun, der sehr große Glaube, das völlige Vertrauen). Jupiter im 4. Haus zeigt die großen Gefühle, zu denen Edith Piaf fähig war, größte Höhen und tiefste Tiefen. Die Jupiter-Konjunktion zu Chiron drückt den tiefen, ohnmächtigen Schmerz aus, den sie zeitlebens empfand. Jupiter herrscht über das 2. Haus und die Finanzen: Edith warf das Geld zum Fenster hinaus, war Sponsor für ihre Geliebten, alles motiviert durch den ohnmächtigen Schmerz und getrieben davon, nicht einsam zu sein. Neptun als Herrscher des IC auf der Spitze des 9. Hauses bildet die Häuserkonstellation Mond/Jupiter (Herrscher von Haus 4 in Haus 9): der tiefe und grenzenlose Wunsch, wahrgenommen, bewundert und geliebt zu werden, jedoch nicht in erster Linie in der großen Öffentlichkeit des 4. Quadranten, sondern in einem Umfeld, in dem sie viele ihrer Fans kennt, in dem Kontakte und Beziehungen entstehen (9. Haus). Die soziale Welt um sie herum soll sie bewundern, lieben, wertschätzen. Neptun im 9. Haus zeigt auch ihre Fähigkeit, ganz in dem aufzugehen, was sie auf der Bühne darstellen wollte, mit Enthusiasmus für ihr Publikum.

Immer wieder war Edith Piaf süchtig, abhängig von Morphium und von Alkohol. Sie betäubte die Schmerzen ihres Lebens, die körperlichen wie die seelischen. Sie unterzog sich mehreren Entziehungskuren, die sie in all ihrer Dramatik in ihrer Autobiografie beschreibt. Es gelang ihr, vollständig vom Morphium loszukommen. Ihr IC in den Fischen, verstärkt durch den Jupitergrad, auf dem es sich befindet, schildert diese Grundveranlagung zur Sucht, den Wunsch, Vergessen zu finden.

Viele Menschen sterben an einem derartigen Opiat- oder Alkoholmissbrauch. Grundsätzlich sind die 12 Grad Fische jedoch ein positiver Grad, sodass Heilung möglich war. Wirklich geheilt werden konnte Edith Piaf jedoch nur, wenn sie Ordnung, Unterscheidungskraft und Selbstdisziplin erlernte (12° Jungfrau am MC). Die Schattenseite der 12° Fische zeigt sich vor allem in emotionalen Exzessen und in Disziplinlosigkeit. Ihre exzessive Natur kam immer wieder zum Vorschein: Es gelang ihr zwar, das Morphium aufzugeben, doch der Alkohol begleitete sie bis ans Ende ihres Lebens. Sucht in all ihren Formen ist immer ein Hinweis auf eine unbewältigte Mutterproblematik. Auch ihre Mutter, deren Bild wir ebenfalls im 4. Haus finden, war von Morphium abhängig. Sie starb im August 1945 an einer Überdosis. Exzessiv war auch, wie schon beschrieben, Ediths Umgang mit Geld. Wie Mond und Lilith im nächsten Abschnitt bestätigen werden, tat sie alles, einfach alles, um nicht allein zu sein und geliebt zu werden.

Das MC auf 12° Jungfrau entspricht Merkur/Jupiter. Es zeigt, wie Edith mit dem inneren Chaos und der Einsamkeit umgehen kann und wonach sie sich sehnt: durch sehr große Unterscheidungskraft dem gegenüber, was sie erlebt (Merkur/Jupiter), durch Selbstanalyse, durch so viel Ordnung, wie sie nur aufbringen kann, durch Voraussicht und Umsicht. Merkur als Herrscher des MC steht im 2. Haus in Konjunktion mit der Sonne: Edith sucht eine konkret gelebte Gemeinschaft, in der sie sich geborgen fühlen kann, die alles heilen, alles gut machen soll.

Das 2. Haus steht für das Materielle, den Körper, die konkret physische Zugehörigkeit, für existenzielle Sicherheit und auch für die Stimme. Merkur als Herrscher des MC im 2. Haus bewirkt, dass Lösungen für das innere Chaos auf der Ebene des 2. Hauses gesucht werden, und die Sonne handelt auch dementsprechend. Bei Edith Piaf ist der Lösungsweg, den sie im 2. Haus einschlägt, leicht erkennbar: der exzessive Umgang mit Geld, um Gemeinschaft und Beziehung zu schaffen, der Raubbau an körperlichen und materiellen Ressourcen.

Als Entwicklungsaufgabe legt das MC jedoch nahe, ein angemessenes Verhältnis (Jungfrau) zur Materie zu entwickeln, Respekt vor dem eigenen Körper und seiner Leistungsfähigkeit, den richtigen Umgang mit Geld und die Fähigkeit des Bewahrens. Edith Piafs selbstzerstörerische Neigungen und ihr permanenter Kampf um das physische und materielle Überleben während vieler Jahre ihres Lebens zeigen, dass sie diese Eigenschaften nicht leben konnte. Auch die Entfaltung ihrer Stimme und Musikalität gehören dazu und die Erkenntnis, dass ihr mit ihrer Stimme ein besonderes Geschenk gegeben worden war. 12° Jungfrau ist ein Grad, der auf eine große künstlerische Kreativität hinweist. Da es sich bei der Jungfrau um ein bewegliches Zeichen handelt, braucht es einen Impuls von außen, um diese Kreativität zu entfalten, während die kardinalen Zeichen diesen Impuls bereits in sich tragen. Edith musste singen – sonst hätte sie nicht überleben können, als sie ihren Vater verließ, und sie sang so wunderbar, dass die Welt sie nicht vergessen wird.

Mond und Lilith in Edith Piafs Horoskop

Der Mond im 7. Haus lässt erkennen, wie sehr Edith auf andere Menschen ausgerichtet war, wie schwer es ihr fiel, allein zu sein, wie sehr sie sich nach einem Gegenüber sehnte. Mit dem Mondquadrat zu Mars im 9. Haus, der über das 5. herrscht, sorgt Edith aktiv dafür, dass Beziehung zustande kommt. Doch das Quadrat lässt vermuten, dass sie oft zu schnell handelte und sich auf etwas einließ, nur um eine Beziehung zu haben oder eine Nacht lang nicht allein zu sein. Mit dem Jupiter/Neptun-Fische-IC ist es ohnehin schwierig, die eigenen wahren Gefühle und Bedürfnisse zu erkennen. Die Einsamkeit wird zum alles überlagernden Handlungsantrieb.

Lilith exakt auf der Spitze des 8. Hauses beschreibt prägnant die dunkle Geschichte, die sich um den nach Begegnung heischenden Mond rankt: Bindungen sind schmerzvoll, sie wird von der Mutter verlassen, das Schicksal entreißt ihr den Ziehvater Leplée und ihre große Liebe Marcel Cerdan. Wir erinnern uns an Ediths Worte: »Stets ist

Abbildung 15: Edith Piaf, außen Nabodbogen direkt, November 1947: Beziehungsbeginn Marcel Cerdan.

die Liebe von mir geflohen. Nie konnte ich den, den ich liebte, lange in den Armen halten. Jedes Mal, wenn ich glaubte den Mann meines Lebens gefunden zu haben, wurde alles zunichte und ich war wieder allein.« Bindung in einer konkret gelebten, Geborgenheit gebenden Gemeinschaft wird zum Trauma (Lilith auf der Spitze des 8. Hauses; Merkur als Herrscher des 8. Hauses steht im 2. Haus).

Die Jupiter/Chiron-Konjunktion im Quadrat zu Lilith bildet über Lilith auch ein Quadrat zur Hausachse 2/8 und verschärft das innere Drama, das mit der dunklen Geschichte verbunden ist: Es sind machtvolle Gefühle, die von Hoch nach Tief schwanken (Jupiter im 4. Haus), Gefühle der Hilflosigkeit und Ohnmacht (Chiron) und der unbändige Antrieb, Vergessen zu finden (Jupiter/Neptun-Grad am IC). Ediths

AC/DC-Achse, die Achse, die Form und Qualität ihrer Begegnungen anzeigt, steht im Radixhoroskop auf 23° Skorpion: Saturn/Uranus. Ein Grad, auf dem immer wieder Trennungen stattfinden.

Die große Liebe: Marcel Cerdan

Im November 1947 reist Edith Piaf zum ersten Mal in die USA. Im berühmten New Yorker Nachtclub Versailles gelingt ihr ein grandioser Durchbruch. Fünf Monate bleibt sie in den USA und sogar Marlene Dietrich kommt, um sie zu hören. In dieser Zeit lernt sie Marcel Cerdan kennen. Der Boxer hat eine Frau und drei Kinder in Casablanca, die er nicht verlassen wird, aber die beiden werden ein Liebespaar.

Die Nabod-Spitze des 7. Hauses steht exakt auf der Radix-Spitze des 8. Hauses und der Radix-Lilith: Eine Begegnung, die ihre größten Sehnsüchte und ihre tiefsten Abgründe wachruft, denn Marcel wird seine Familie nicht verlassen. Der Nabod-Mond bildet eine exakte Konjunktion zum Radix-Pluto: Ediths Wahrnehmung, die im Radixhoroskop mit Mond im 7. Haus ohnehin auf Beziehung gerichtet ist, hat nun einen Menschen gefunden, der die größten Bindungsbedürfnisse in ihr auslöst. Pluto kommt aus dem 1. Haus und steht im 8. Haus: Konstellation Mars/Pluto, der massive Bindungsdrang. Der Nabod-Pluto löst das 9. Haus und damit die gesamte Achse 3/9 aus, was Ediths suggestive Wirkung auf der Bühne erklärt. Die Nabod-IC/MC-Achse geht in dieser Zeit über die Radixachse 5/11, was wiederum für den großen Erfolg spricht, die USA-Reise aber auch generell zu einem Meilenstein auf ihrem Lebensweg macht.

Am 28. Oktober 1949 will Marcel sich mit Edith in New York treffen. Edith, die es kaum erwarten kann, drängt ihn, einen früheren Flug zu nehmen. Das Flugzeug stürzt auf den Azoren ab. Edith ist fassungslos, aber sie tritt am Abend im Versailles auf. Diese Reaktion mag merkwürdig erscheinen, erklärt sich jedoch aus der Überlebensstrategie des Aszendenten im Radixhoroskop: Pluto als Herrscher des

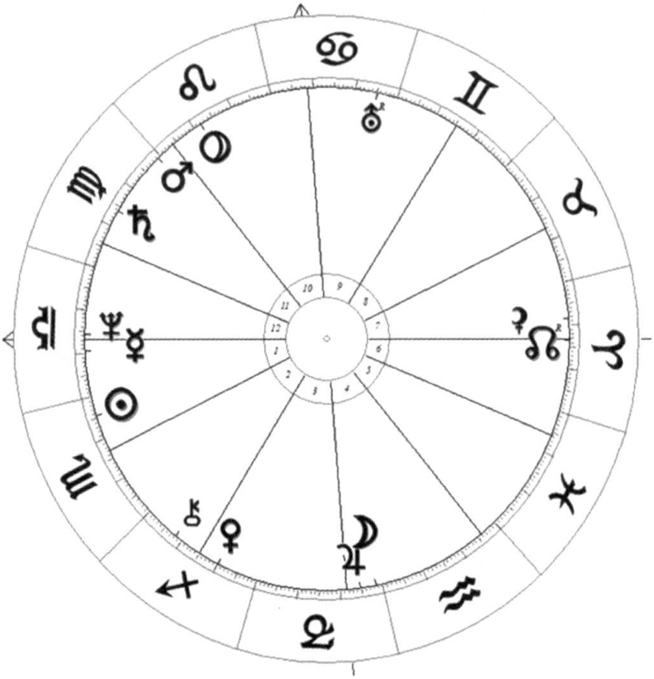

Abbildung 16: Edith Piaf, Tod von Marcel Cerdan am 28.10.1949, Tageshoroskop.

1. Hauses steht im 8. Haus: Überlebensstrategie ist, sich an Bindungen zu klammern. Hier gibt der Vertrag, aufzutreten, Edith zunächst Halt. Der Radix-Saturn steht ebenfalls im 8. Haus im Quadrat zu Hausachse 5/11: Disziplin im Handeln, um sich in der Gesellschaft beruflich zu verankern (11. Haus) und seine Position zu behaupten.

Die entscheidende Auslösung in diesem Tageshoroskop wird durch Lilith gebildet. In Edith Piafs Radix steht Lilith exakt auf der Spitze des 8. Hauses und hat mit Tod zu tun. Da die Vorgabe der Lilith der Mond ist und dieser im Radixhoroskop im 7. Haus steht, ergibt sich: Tod des Partners, ausgelöst im Tageshoroskop durch Lilith im 7. Haus im exakten Quadrat zur IC/MC-Achse.

Ohne Abbildung: Legt man das Tageshoroskop als Synastrie um Edith Piafs Radixhoroskop, bildet die Tageshoroskop-Lilith ein Quadrat zur Radix-Venus, die über das 7. Haus (Stier) herrscht, also den Partner betrifft. Das Quadrat ist auf 1° genau.

Geburt und Tod ihrer Tochter Marcelle

Mit 15 Jahren hatte Edith Gassion ihren Vater verlassen. 1932, mit 16 Jahren, begegnete sie dem Gelegenheitsarbeiter Louis Dupont und wurde schwanger. Am 11. Februar 1933 gebar sie eine Tochter, die sie Marcelle nannte. Edith, Louis und Marcelle lebten in einem schäbi-

Abbildung 17: Edith Piaf, Geburt ihrer Tochter Marcelle, 11.2.1933, Tageshoroskop.

gen Appartement. Nach einem Streit warf Dupont sie hinaus, nahm ihr aber Marcelle weg, als er feststellte, dass Edith das Kind dabeihatte, wenn sie in den Straßen sang. Edith sah ihr Kind nie wieder. Marcelle starb im Alter von eineinhalb Jahren an einer Hirnhautentzündung.

Im Tageshoroskop sind nur exakte Auslösungen relevant. Kinder sind im 5. Haus zu finden, die Geburt ebenfalls. Lilith steht exakt auf der Spitze des 5. Hauses: Angesichts der Umstände war die Geburt für Edith nicht nur eine Freude. Merkur in Konjunktion mit der Sonne steht auf der Spitze des 2. Hauses: Gemeinschaft. Ediths Wunsch nach Gemeinschaft erfüllte sich durch das Kind, an das sie eine starke Bindung hatte – Sonne und Merkur herrschen im Tageshoroskop über das

Abbildung 18: Edith Piaf. Tod des Ziehvaters Leplée, 6.4.1936, Tageshoroskop.

8. Haus und bilden als Herrscher des 8. Hauses im 2. Haus die Konstellation Venus/Pluto, es muss ein Opfer gebracht werden.

Als Louis Leplée, der Direktor des Cabarets Gerny's, Edith Gassion an einer Straßenecke singen hörte, lud er sie zum Vorsingen ein. Sie bestand die Prüfung und Leplée gab ihr den Künstlernamen »Piaf«. Bei ihrem Debüt im Oktober 1935 war auch Maurice Chevalier anwesend. Leplée wurde zu Ediths Ziehvater, den sie liebevoll Papa rief, und zu einer Hoffnung auf eine Heimat. Doch am 6. April 1936 endete dieser Traum abrupt. Louis Leplée wurde Opfer eines Raubmordes. Kurz zuvor hatte er in seinem Cabaret erzählt, er habe gerade ein Apartment gegen Bargeld verkauft. Edith, gerade mal zwanzig Jahre alt, wurde

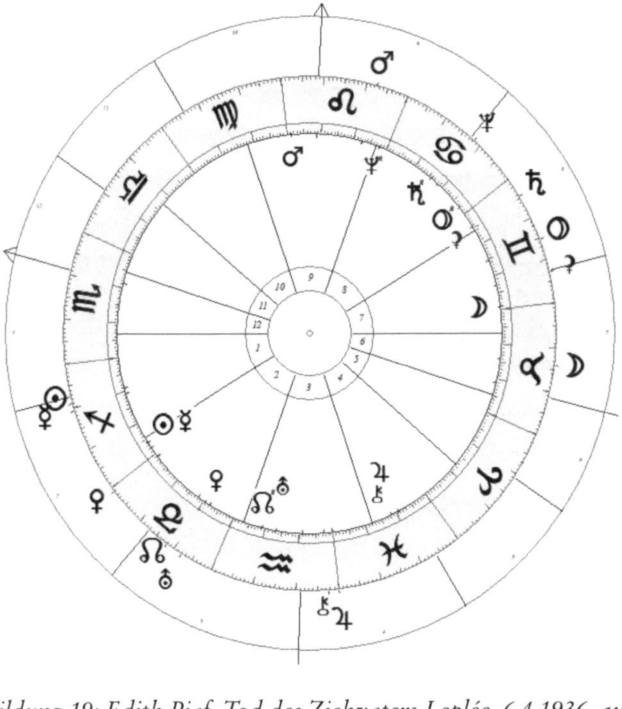

Abbildung 19: Edith Piaf. Tod des Ziehvaters Leplée, 6.4.1936, außen Nabod convers.

von der Polizei einberufen und stand nach einer durchzechten Nacht mit ihren Freunden völlig verstört vor dem Toten. Die Polizei verdächtigte sie, Leplée erschossen zu haben, und nahm sie fest. Am nächsten Morgen erscheint Ediths Bild als Verdächtige im Mordfall Leplée auf den Titelseiten. Nur ein halbes Jahr hatte ihre Karriere im Cabaret Le Gerny's gedauert, nur ein halbes Jahr hatte sie einen väterlichen Freund gehabt. Edith wurde zwei Tage lang verhört, musste aber wegen ihres wasserdichten Alibis freigelassen werden.

Im Tageshoroskop stehen Mond und Lilith in Konjunktion im 8. Haus. Der Mond ist der einzige Planet, der aufgrund seiner schnellen Bewegung nicht unbedingt eine exakte Auslösung zu einer Hausspitze braucht, um für den entsprechenden Tag zu gelten. Die AC/DC-Achse auf 2°27' Widder beschreibt mit der Konstellation Mond/Mars an diesem Tag eine Bedrohungsgefühl durch Begegnung. Chiron exakt auf der Spitze des 3. Hauses weist auf ihre Erklärungsnöte hin.

Im convers dirigierten Nabodbogen zeigen sich besonders prägnante Auslösungen zum Tod von Leplée. Der Nabod-Saturn bildet eine exakte Konjunktion zur Radix-Lilith und Spitze des 8. Hauses. Der Nabod-Pluto steht im exakten Quadrat zur IC/MC-Achse des Radixhoroskops. Beide Planeten haben im Radixhoroskop mit Tod zu tun, denn sie stehen im 8. Haus. Saturn als Herrscher des 2. Hauses im 8. Haus des Radixhoroskops bringt die Konstellation Venus/Pluto in die Auslösung ein und damit den Verlust der Gemeinschaft, der Sicherheit und Existenzgrundlage. Der Nabod-Neptun steht im exakten Quadrat zur Achse 5/11: Verlust des Vaters und der Position, die man durch ihn einnimmt. Leplées Tod beeinflusste Ediths Lebensweg massiv (Nabod-Pluto im Quadrat zu Radix-IC/MC). Ihr Trieb, sich zu binden, um zu überleben (Pluto herrscht im Radixhoroskop über das 1. Haus und steht im 8. Haus), wurde extrem bedroht.

Ein Jahr zuvor, als Edith Louis Leplée kennenlernte, bildete die Nabod-Achse 5/11 ein exaktes Quadrat zur Radix-Lilith: eine dunkle Geschichte des Verlassenseins schien durch einen Ziehvater ein Ende zu finden.

Hape Kerkeling: Lilith im 9. Haus

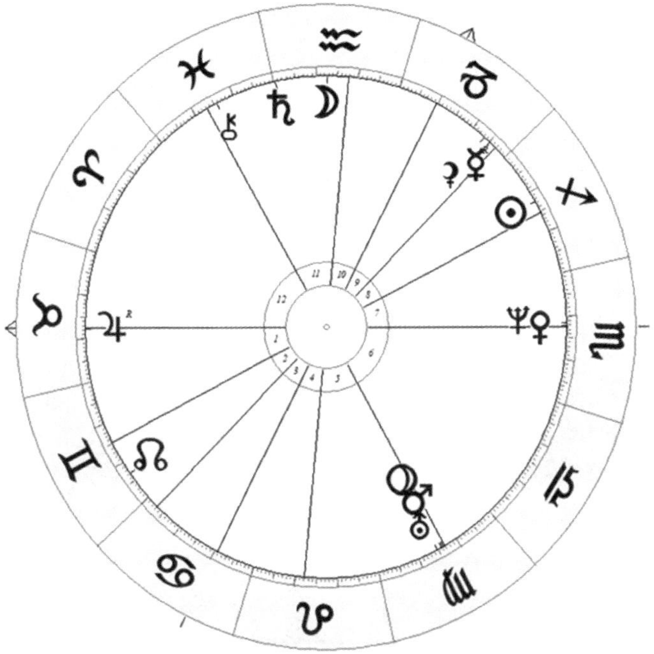

Abbildung 20: Hape Kerkeling, Radix: 9.12.1964, Recklinghausen, Deutschland. Zeitangabe 14:45 MEZ. Die Überprüfung der Geburtszeit ergab eine Korrektur auf 14:47:33 MEZ.

Biografie

Ich bin dann mal weg. 2006 veröffentlichte Hape Kerkeling ein Buch über seine Pilgerreise auf dem Jakobsweg nach Santiago der Compostela zum Grab des Apostels Jakob. Der Titel wurde zu einem geflügelten Wort und der Jakobsweg zu einem öffentlichen Ereignis. Viele folgten Kerkelings Weg, auf dem er 2001 in den Monaten Juni und Juli gewandert war. 103 Wochen lang war das Buch in den Jahren 2006 bis 2008 auf Platz Nr. 1 der Spiegel-Bestsellerliste. Mit über zwei Millionen verkauften Exemplaren wurde Ich bin dann mal weg zum meistverkauften Buch des Jahres 2006 in Deutschland. Mehr als fünf Millionen Exemplare waren es 2015.

Schon zuvor konnte sich Hape nicht über mangelnden Erfolg beklagen. Mitte der 1980er-Jahre begann seine Karriere, die ihn zum vielleicht populärsten deutschen Komiker, Moderator, Schauspieler, Sänger, Regisseur und Autor machte. 1985, mit gerade mal 20 Jahren, bekam er seine erste regelmäßige Fernsehsendung Känguru. Weitere Comedyformate wie Total normal und Darüber lacht die Welt folgten. Die Liste seiner Aktivitäten und Erfolge ist lang. Verkleidet als Königin Beatrix, Opernsängerin und Schachmeister begeisterte er sein Publikum. Seine erfolgreichste Figur war der renitente Zeitungsreporter Horst Schlämmer. Das Multitalent der Unterhaltung hat viele Preise gewonnen, z. B. den Bambi und den Deutschen Fernseh-Preis.

Den Jakobsweg beschritt er nicht ganz freiwillig. Hatte ihn eine tiefere Sehnsucht nach Gott wohl schon immer bewegt, waren ein Hörsturz und die Entfernung der Gallenblase ausschlaggebender Anlass, sich nun tatsächlich auf den Weg zu machen. Pausenlos hatte er gearbeitet, doch nun musste er eine Auszeit nehmen. Mehr als 600 Kilometer zu Fuß. Im Buch formuliert er sein persönliches Glaubenserlebnis: »Ich habe Gott getroffen!«

2014 veröffentlichte Kerkeling seine Autobiografie Der Junge muss an die frische Luft. Darin spricht er zum ersten Mal über die traumatisierende Erfahrung, die der Freitod seiner Mutter in ihm hinterließ. Tagelang hatte die geliebte Mutter schweigend und reglos in der Küche gesessen. Hape war erst acht Jahre alt, als sie ihm am Abend sagte, er könne heute so lange fernsehen, wie er wolle. Als er schließlich zu ihr ins Schlafzimmer schlüpfte, hörte er sie schwer atmen. Er entdeckte ein Glas mit Saft und den aufgelösten Schlaftabletten darin. Seine Mutter wurde zwar noch ins Krankenhaus gebracht, starb aber zwei Tage später an einer Lungenentzündung. »Als meine Großmutter Änne von heute auf morgen krank wurde und unerwartet starb, konnte man zusehen, wie meine Mutter abbaute«, sagt Kerkeling in einem Gespräch mit STERN[14]. Hinzu kam, dass sie infolge eines Operationsfehlers ihren Geschmacks- und Geruchssinn verloren hatte. Das trieb sie vollends in die Depression. »Ich habe meiner Mutter in einem geblümten Nachthemd Szenen aus Grethe-Weiser-Filmen vorgespielt. Theo Lingen und Jürgen von Manger habe ich auch imitiert. Und sie lachte tatsächlich.« Doch er schaffte es nicht, seine geliebte Mutter aus der Depression zu reißen. Kurz nach dem Erscheinen von DER JUNGE MUSS AN DIE FRISCHE LUFT zog Hape Kerkeling sich aus dem Showgeschäft zurück.

Der vielseitige Entertainer spricht sechs Sprachen. 2016 heiratete er seinen Lebensgefährten, mit dem er seit 2010 liiert war. Zuvor war Kerkeling fast 30 Jahre lang mit dem italienischen Regisseur Angelo Colagrossi zusammen, von dem er sich 2011 getrennt hatte. Eine Biografie der Superlative, die beispielhaft zeigt, wie sich aus einem traumatischen Erlebnis in Verbindung mit der mitgebrachten Anlage ein ganzes Leben entfaltet. »Aus großer Tragik entsteht große Komik«, schreibt Oliver Kaever in seiner Rezension zu DER JUNGE MUSS AN DIE FRISCHE LUFT«[15].

Lilith-Konstellationen in Hape Kerkelings Radix:

Lilith Konjunktion Merkur (01°47‘)

Lilith Spiegelpunkt Mondknoten (00°19‘)

---

14 »Ich musste von heute auf morgen erwachsen werden«. https://www.stern.de/lifestyle/leute/hape-kerkeling---ich-musste-von-heute-auf-morgen-erwachsen-werden--3835008.html

15 Dat Dat is wat ganz Besonderes https://www.zeit.de/kultur/film/2018-12/der-junge-muss-an-die-frische-luft-hape-kerkeling-verfilmung-roman-kino

Mond-Konstellationen in Hape Kerkelings Radix:
Mond Quadrat AC/DC-Achse (00°30‘)
Mond Spiegelpunkt Achse 5/11 (00°21‘)
Mond Quadrat Venus (00°38‘)
Mond Quadrat Jupiter (00°30‘)
Mond Quadrat Neptun (01°21‘

Mond und Lilith in Hape Kerkelings Horoskop

Die Verbindung zur Mutter prägte Hape Kerkelings Leben. Das lässt sich nicht nur aus seiner Autobiografie entnehmen, sondern zeigt sich auch ohne jedes biografische Wissen in seinem Horoskop: Das IC im Krebs auf dem Beziehungsgrad 20°44‘ Steinbock (20–21° in den kardinalen Zeichen sind Beziehungsgrade) zeigt nicht nur die starke seelische Verbindung über den Krebs, sondern auch die Liebe zur Mutter. Mond als Herrscher des 4. Hauses steht im 11. Haus, bildet aber über das sehr exakte Quadrat zur AC/DC-Achse ein Quasi-MC. Damit ist der Mond der am höchsten stehende Planet im Horoskop und eine Analogie zum MC als höchste Hausspitze zur Geburtszeit. Er wird zum MC gerechnet und ist Teil der großen Lebenslinie, die an der IC/MC-Achse erkennbar ist.

Der Mond bildet ein Quadrat zu Jupiter am Aszendenten. Jupiter will das, was der Aszendent aussagt, in möglichst großen Umfang verwirklichen. Die Herrscherin des Stier-Aszendenten ist Venus. Sie steht an der Spitze des 7. Hauses in enger Konjunktion zu Neptun: Instinktives Bedürfnis (Aszendent) ist es, andere zu erlösen, in dem man ihre Leiden lindert. Hape will die Menschen fröhlich stimmen (Jupiter am Aszendenten) und das tut er auf Venus/Mars-Art, also auf ansprechende, attraktive Weise. Er kann das Publikum »abholen«. Die Konstellation Venus/Mars entsteht, weil die Venus als Herrscherin des 1. Hauses (ein Mars-Haus im Urhoroskop) im 7. Haus (ein Venus-Haus im Urhoroskop) steht. Für die Bildung einer Konstellation über die Häuser werden die Herrscher des Urhoroskops verwendet, nicht die aktuellen Herrscher. In Kerkelings Horoskop mit Stier-Aszendent und Skorpion-Deszendent sind die Herrscher ebenfalls Venus und Mars (bzw. Pluto), aber die Konstellation Venus/Mars würde auch über jede andere Aszendent/Deszendent-Kombination gebildet, z. B. bei einem Löwe-AC mit Sonne im 7. Haus. Die von Michael Roscher entwickelte Konstellationstechnik mag am Anfang verwirrend wirken. Es lohnt sich jedoch, sich damit zu befassen. Zum einen bietet sie große Unterstützung bei der Deutung, zum anderen kommen Inhalte zum Vorschein, die man sonst nicht finden würde.

Mit Venus/Neptun am Deszendenten ist Hape besonders ansprechbar durch das Leiden anderer. Jupiter am Aszendenten setzt alles daran, um positiv, fröhlich, horizonterweiternd, stimmungsaufhellend zu sein. Für Hape ist das eine Überlebensstrategie und ein Weg, um sich im Leben zu behaupten. Dieser trotz des Mondquadrates auf AC/DC so freundlich wirkende Jupiter hat eine düstere Seite: Er kommt aus dem 8. Haus und bildet die Häuserkonstellation Mars/Pluto (Herrscher des 8. Hauses im 1. Haus). Mit dem Überleben ringen – Hape hat selbst eine Neigung zur Depression, was sich über den Mond als Quasi-MC erkennen lässt. Am MC, das über das Urhoroskop immer eine Saturn-Analogie darstellt, bildet der Mond die Konstellation Mond/Saturn, Depression. Mars/Pluto als Herrscher des 8. Hauses im 1. Haus ist eine Konstellation, die den Menschen nahe an den Selbstmord bringt: Vorstellungen (8. Haus) wirken sich massiv dort aus, wo es um das Überleben geht (Aszendent). Die persönliche Existenz (Aszendent) zählt weniger als Bewertungen, Meinungen und Vorstellungen (8. Haus), denen man gerecht werden muss (8. Haus). Im Extrem stellt Mars/Pluto als Herrscher des 8. Hauses im 1. Haus eine Selbstmordattentats-Konstellation dar. »Ich gebe mein Leben (Aszendent) für die Sache (8. Haus).« Aufheitern um jeden Preis – wenn das nicht gelingt, vollführen die Gefühle eine Berg- und Talfahrt: Mond Quadrat Jupiter. Das Quadrat von Mond zu Neptun zeigt auch Hapes Einsamkeitsgefühle und die Sehnsucht danach, in etwas Größerem geborgen zu sein (Neptun herrscht über das 12. Haus). Auch der ganz große Erfolg ist hier zu finden: Das

T-Quadrat von Mond, Jupiter und Venus/Neptun, das mit den Häusern 10 und 12 verbunden ist, spricht von der Chance zu großer gesellschaftlicher Bedeutung (10. Haus) und dem Erfolg auf der großen Bühne der Medien (12. Haus). Der enorme finanzielle Erfolg zeigt sich über die Achse 2/8 auf 14°49‘ Zwillinge/Schütze: Merkur/Jupiter. Der Grad reicht von 14 bis 16° in den Zeichen Zwillinge/Schütze. Merkur als Herrscher des 2. Hauses steht in enger Konjunktion mit Lilith: Das viele Geld wird mit dem Schmerz verdient.

Außer als Quasi-MC ist der Mond auch im 11. Haus zu deuten: Mond/Uranus. Hape Kerkeling hat einen ganz eigenen, unverwechselbaren Stil, und er ist homosexuell.

Lilith steht im 9. Haus in enger Konjunktion zu Merkur. Hapes dunkle Geschichte rankt sich um die Art und Weise, wie er Gedanken, Meinungen und Ideen kommuniziert (9. Haus) – er will jupiterhaft wirken in seinem Auftreten, also fröhlich motivierend, das Düstere abwendend, eine positive Weltsicht verbreitend. Merkur herrscht über das 2. und 6. Haus: So gewinnt er selbst ein Gefühl von Sicherheit (2. Haus), kann Ordnung schaffen (6. Haus) und zeigen, worum es ihm im Leben geht (6. Haus als situationsangepasster Ausdruck des 4. Hauses).

Lilith ist ein Wunsch, eine große Sehnsucht, die mit Schmerz beladen ist. Mit Lilith im 9. Haus will und muss Hape Kerkeling Fröhlichkeit verbreiten und die Menschen zum Lachen bringen. Das ist oft schwer und in der frühen, prägenden Zeit nicht erfolgreich. Seine Mutter konnte er nicht vor dem Freitod bewahren. Später sagte er: »Für mich war das Schlimmste nach dem Tod meiner Mutter die Frage: Was hat sie in dieser Welt hinterlassen? Wo sind ihre nachfühlbaren oder nachvollziehbaren Spuren? Ich konnte als Kind nichts erkennen. Da habe ich mir vorgenommen, in meinem Leben klare, eindeutige Spuren zu hinterlassen.«[16] Die Mutter, in Hapes Horoskop durch den Mond

---

16 »Der Freitod meiner Mutter war traumatisch«. https://www.stern.de/kultur/buecher/hape-kerkeling-im-stern---der-freitod-meiner-mutter-war-traumatisch--3822994.html

gezeichnet, motiviert ihn zu dem, was er in das Leben einbringen will: Mond am Quasi-MC. Lilith, die untrennbar mit dem Mond verbunden ist, treibt ihn an, seinen Weg über das 9. Haus zu gehen.

Die IC/MC-Achse in Hape Kerkelings Horoskop

IC im Krebs, MC im Steinbock: Ein sensibles, beindruckbares Kind mit starkem Bezug zur Mutter (Krebs) muss lernen, seinen eigenen

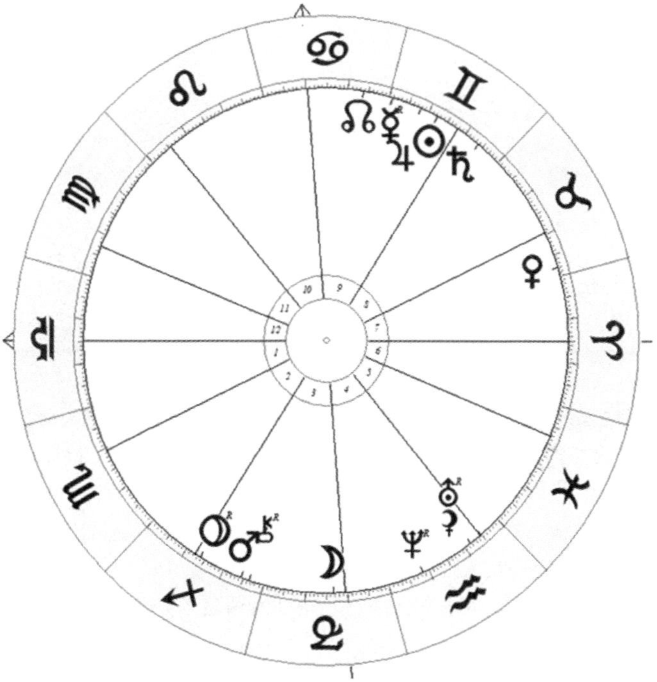

Abbildung 21: Hape Kerkeling. Beginn des Jakobsweges am 9.6.2001. Tageshoroskop. Das Horoskop ist auf den 8.6.2001 berechnet, da der Antritt der Wanderung vor der Geburtszeit um 14 Uhr 47 stattgefunden hat.

Abbildung 22: Hape Kerkeling. Tod der Mutter im Sommer 1973. Außen Nabodbogen direkt (berechnet auf 10.7.1973).

Weg und seine eigenen Lebensrichtlinien zu finden (Steinbock; Saturn im 11. Haus). Saturn im 11. Haus als Herrscher des 10. Hauses bildet zweimal die Konstellation Saturn/Uranus: einmal über Saturn als Herrscher des 10. Hauses im 11. Haus und einmal über Saturn im 11. Haus: Durchbruch, Einmaligkeit, Trendsetter. Saturn auf 29°33‘ Wassermann mit der Konstellation Uranus/Neptun (geht von 29° Wassermann bis 1° Fische) ist zwar ein sehr langsam laufender Planet, sodass der Grad, auf dem er sich befindet, keine so große Bedeutung hat wie seine Deutung über die Häuser, aber trotzdem zeigt er als Herrscher des 10. Hauses zusätzlich zu den anderen Aussagen, dass in Hape Kerkelings Leben »Wunder wahr werden«, die unfasslich schlimmen ebenso wie die unfasslich wunderbaren.

Im Tageshoroskop sind exakte Auslösungen zu den Hausspitzen relevant, entweder als Konjunktion oder im Quadrat zu einer Hausachse (innerhalb von einem Grad nach beiden Seiten). Der Mond macht eine Ausnahme von dieser Regel, der Orbis darf größer sein. In diesem Tageshoroskop steht der Mond rund 3° vor dem IC und ist damit tagesbezüglich: Als Hape Kerkeling die Wanderung antritt, ist sein Blick nach innen, auf seine tiefsten Motivationen gerichtet. Uranus steht exakt auf der Spitze des 5. Hauses (00°11‘): »Ich bin dann mal weg.« Über die enge Konjunktion von Uranus und Lilith (03°10‘) zählt auch Lilith zum 5. Haus: Einfach nur Heiterkeit zu verbreiten, kann nicht genügen, vor allem, weil es niemals gelingen wird, alle zu

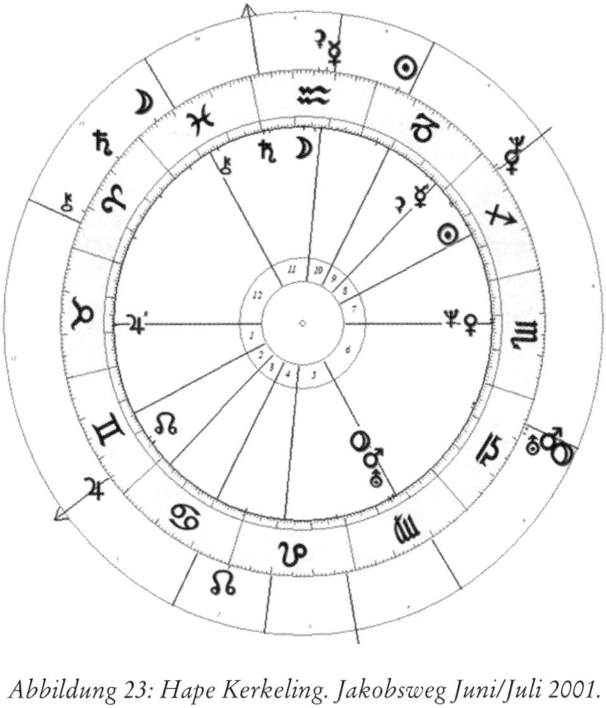

Abbildung 23: Hape Kerkeling. Jakobsweg Juni/Juli 2001. Nabodbogen direkt, berechnet auf 9.6.2001, 16:59 Uhr.

retten, noch nicht einmal diejenigen, die Hape am nächsten stehen. Der Schmerz und die Sehnsucht nach Erlösung (Venus/Neptun-Konjunktion am Deszendenten im Radix), die Hoffnung, draußen etwas Erlösendes zu finden (Venus als Herrscherin des Aszendenten im 7. Haus im Tageshoroskop) lassen Hape losmarschieren, voller Abenteuerlust und wechselnder Gefühle: Die AC/DC-Achse im Tageshoroskop steht auf 14°51' Waage: Venus/Mars (reicht von 14 bis 16° Widder/Waage).

Der Tod der Mutter hat Hape schwer getroffen: Das Nabod-MC direkt dirigiert steht auf 29°12' Steinbock: Saturn/Uranus. Dieser Grad ist unter anderem ein Todesgrad. In jedem Fall zeigt er einschneidende Veränderungen im Leben an. Der Grad reicht von 29° Steinbock bis 1° Wassermann. Lilith bildet einen exakten Spiegelpunkt auf die Achse

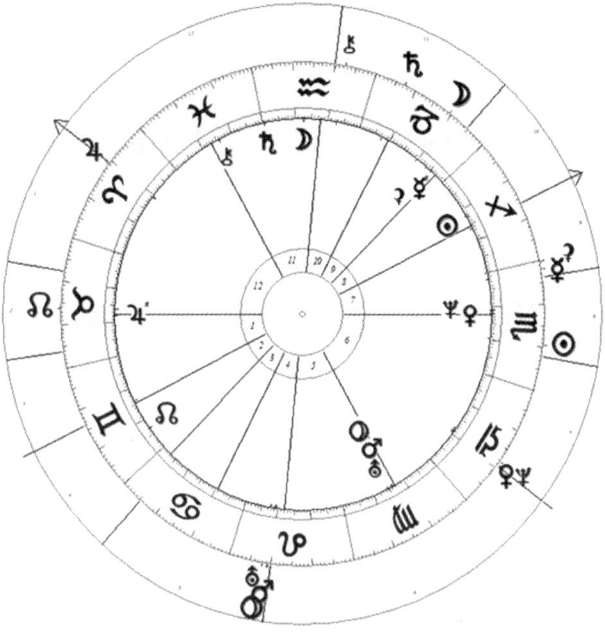

Abbildung 24: Hape Kerkeling. Jakobsweg Juni/Juli 2001, außen Nabodbogen convers, berechnet auf 9.6.2001, 16:59 Uhr.

2/8 (00°02‘): Es geschieht etwas Traumatisierendes in der Gemeinschaft (2. Haus) und hat mit Tod zu tun (8. Haus).

Unter den Konstellationen, die das Jahr des Jakobsweges und die vorangegangenen gesundheitlichen Probleme beschreiben, hat Lilith eine besondere Brisanz: Mit einem exakten Spiegelpunkt auf die AC/DC-Achse (00°26‘) bezieht sie sich sowohl auf das Körperliche (Aszendent) wie auf andere Menschen (Deszendent). Die Nabod-Lilith steht in Konjunktion mit der Radix-Spitze des 11. Hauses (00°17‘): »Ich bin dann mal weg«, »Ich mache mich auf die Socken und gehe meinen eigenen Weg«. In dieser Zeitphase bildet außerdem der Nabod-Saturn ein Quadrat zur Radix-Lilith (01°08‘) und der Nabod-Jupiter löst die Radix-Lilith durch einen Spiegelpunkt aus (00°26‘).

Im Nabod-Horoskop convers dirigiert steht die Nabod-Spitze des 11. Hauses logischerweise in Konjunktion zu Lilith im Radixhoroskop mit dem gleichen Orbis von 00°17‘, denn die Häuser wurden im Verhältnis zum Radixhoroskop ja einmal nach vorn (direkt) und einmal rückwärts (convers) bewegt. Was sich unterscheidet, sind die Grade, auf denen die Nabod-Hausspitzen zu stehen kommen. Im Falle des Nabod-MC convers ist das 14°46‘ Schütze: Merkur/Jupiter (reicht von 14 bis 16° Schütze). Horizonterweiterung, loslaufen (Merkur) und die Ferne und Weite suchen (Jupiter), den Sinn verstehen wollen.

Niki Lauda: Lilith im 11. Haus

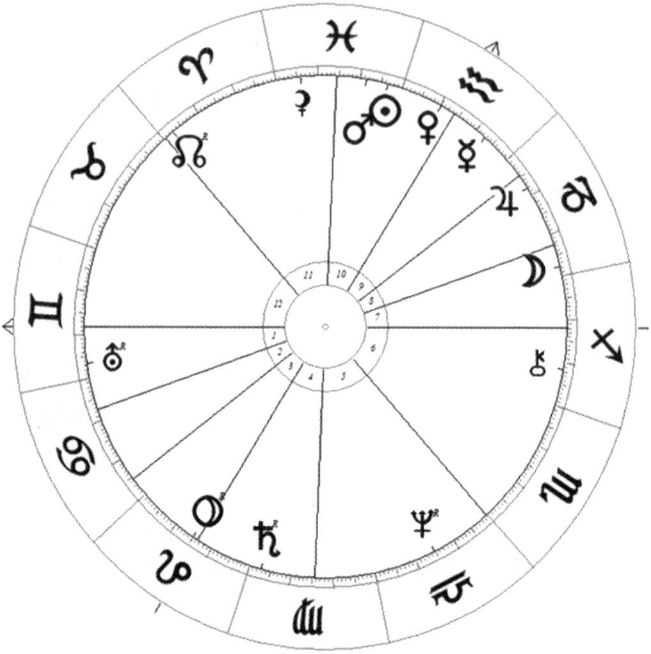

Abbildung 25: Radix Niki Lauda, 22.2.1949, Wien, Österreich. Zeitangabe 11 Uhr 02. Die Überprüfung der Geburtszeit ergab eine Korrektur auf 10:59:30 Uhr.

Biografie

Das Resümee seines Lebens: drei Weltmeisterschaften, zahlreiche Siege und zwei schreckliche Unfälle. »Zielstrebig. Konsequent. Gelassen.« – so beschrieb sich Andreas Nikolaus »Niki« Lauda einmal selbst. Genau diese Zielstrebigkeit zeigte Lauda schon in jungen Jahren (Pluto am IC). Sein Vater und Großvater waren einflussreiche Industrielle, für die es leicht gewesen wäre, seinen Traum, Rennfahrer zu werden, zu unterstützen. Die Familie lehnte diesen Plan jedoch vehement ab und weigerte sich, seine Karriere zu finanzieren (Pluto am IC: die vorstellungsbezogene Familie). Lauda ließ sich nicht abbringen. »Nun erst recht!«, ist wohl immer sein Motto gewesen (IC/MC-Achse auf 15°45‘ Wassermann, Konstellation Sonne/Uranus, Widerstand und Widerspruch. Gültig von 14 bis 16 Grad in Sonne/Wassermann). Mit 15 kaufte er sein erstes Auto, einen VW Käfer Cabriolet, Baujahr 1949, mit dem er auf dem Grundstück seiner Großeltern über selbst gebaute Rampen raste. Mit diesem Auto habe er »jeden erdenklichen Blödsinn« gemacht, erklärte Lauda später. Weil sein Taschengeld nicht reichte, um das Auto zu finanzieren, arbeitete er in den Schulferien als LKW-Beifahrer. Als seine Eltern darauf bestanden, dass er sein Abitur machte, fälschte Lauda gemeinsam mit einem Freund sein Abiturzeugnis und zeigte es ihnen: »Die Mutter hat mich geküsst, der Vater war glücklich«, erinnert er sich. Deren Freude genügte ihm jedoch nicht. Lauda hatte seinen eigenen Weg im Kopf und überwarf sich mit seiner Familie, die sich weiterhin weigerte, seine Absichten zu unterstützen (IC/MC auf dem Sonne/Uranus-Grad). Das gestörte Verhältnis hinderte ihn allerdings nicht, seinen in Österreich bekannten Namen zu nutzen – die Banken gaben ihm deswegen bereitwillig Kredite. Die brauchte er auch, denn um wortwörtlich »im Rennen zu bleiben«, war viel Geld nötig – unter anderem, um sich in die interessanten Rennfahrer-Teams einzukaufen. Also handelte Lauda nach seinem bewährten Prinzip »Fahre heute – zahle morgen«.

Mit 22 Jahren fuhr Lauda sein erstes Formel-1-Rennen. Nur vier Jahre später war er zum ersten Mal Weltmeister. Doch schon in der nächsten Saison 1976 sollte sich auf dem Nürburgring alles ändern. Nach fünf Erfolgen bei den ersten neun WM-Läufen lag Lauda souverän in Führung. Dann, am 1. August 1976, geschah das Unfassbare: Niki Laudas Ferrari geriet in der zweiten Runde ins Schleudern, prallte gegen die Leitplanken und fing Feuer. Lebensgefährlich verletzt, mit schweren Brandwunden und Lungenverätzungen, wurde Lauda in eine Spezialklinik eingeliefert, wo er vier Tage mit dem Tod rang.

Laudas unglaublicher Wille siegte auch in diesem Kampf. Nur sieben Wochen später stieg er in Monza wieder ins Cockpit und schaffte es, Vierter zu werden. 1977 wurde er zum zweiten Mal Fomel-1-Weltmeister. Die rote Kappe des Brabham-Sponsors Parmalat wurde zu Niki Laudas Markenzeichen, ebenso wie sein von den Verletzungen gezeichnetes Gesicht.

Lauda konnte seinen Erfolg nicht aufrechterhalten und verkündete am 29. September 1979: »Ich habe plötzlich gespürt, dass ich keine Lust mehr habe, dass es wichtigere Dinge in meinem Leben gibt, als mit einem Auto im Kreis herumzufahren.« Im gleichen Jahr, am 4. April 1979, hatte er die Lauda Air GmbH gegründet – eine neue Aufgabe, die ihn nun auszufüllen schien. Doch schon 1982 stieg er wieder ins Formel-1-Geschäft ein. Die dritte Weltmeisterschaft holte er sich 1984. Das Angebot des damaligen Brabham-Chefs Ecclestone für die Saison 1986 lehnte Lauda ab. In den 1990er-Jahren beteiligte sich Lauda auf andere Weise am Motorsport: unter anderem als Berater des damals erfolglosen Ferrari-Teams und Moderator von Formel-1-Sendungen.

Der zweite große Unfall in Niki Laudas Leben: der Absturz des Lauda-Air-Fluges 004 am 26. Mai 1991. Der Flugzeugabsturz sei für ihn schlimmer gewesen als der Unfall auf der Piste, sagte Niki Lauda. Alle 223 Menschen an Bord kamen ums Leben.

Niki Lauda hat noch heute mit den Folgen seines Unfalls zu kämpfen. 2018 musste er sich einer Lungentransplantation unterziehen. Anfang 2019 musste er wieder ins Krankenhaus, um die Lunge behandeln zu lassen. Im Mai desselben Jahres verstarb er.

Lilith-Konstellationen in Niki Laudas Radix:
Lilith Quadrat Uranus (01°26‘)
Lilith Spiegelpunkt Hausachse 2/8 (00°55‘)

Mond-Konstellationen in Niki Laudas Radix:
Mond Spiegelpunkt Uranus (01°14‘)

Sowohl der Mond (Spiegelpunkt) als auch Lilith (Quadrat) bilden einen Aspekt zu Uranus und bestätigen Niki Laudas eigenwillige Art, seine Abneigung gegen jede Bevormundung und den festen Entschluss, den eigenen Weg zu gehen. Uranus herrscht über das MC und setzt damit die äußeren Ziele. Er steht für die Strategien, die gewählt werden, um den dahinterstehenden wahren Wunsch am IC zu verwirklichen. Lilith im 11. Haus zeigt aber auch klar, dass genau diese Freiheit, dieser eigene Weg, mit einer dunklen, schmerzvollen Geschichte verbunden ist. Das Uranus-Quadrat zu Lilith verstärkt diese Erfahrung.

Gleich wie fest entschlossen und zielstrebig ein Kind sein mag, wenn die Eltern ablehnen, was es am meisten will, und sei es auch nur »zu seinem Besten«, ist das schwer und ist meist mit Schuldgefühlen verbunden, wie im Falle von Niki Lauda: Saturn steht als Herrscher des 8. Haus im 4. Haus (Häuserkonstellation Mond/Pluto: »Ich genüge nicht so wie ich bin.« »Wie ich bin ist nicht richtig.« Die Normen (Saturn) der Familie (8. Haus) und ihre Wertvorstellungen (8. Haus) gehen in eine völlig andere Richtung. Das sieht man auch deutlich an Niki Laudas IC/MC-Achse.

Niki Laudas dunkle Geschichte ist die Geschichte des eigenen Weges, des Menschen, der anderen Menschen und Partnerinnen (Mond im 7. Haus) und der ganzen Welt zeigen möchte, was an ihm besonders und anders ist. Für diesen Wunsch zahlte Lauda mit dem Familienzerwürfnis, mit der Entstellung durch den Unfall, die ihm auf tragische Weise eine eigene »Marke« verlieh, und mit einem Flugzeugabsturz, gegen den er ebenso machtlos war, wie er nichts tun konnte, um den Unfall am Nürburgring zu verhindern. Lilith im 11. Haus, die das uranische Prinzip vertritt, erhält hier die Rolle des Schicksals im Leben eines Menschen, der lebenslang versuchte, alles perfekt und »wasserdicht« zu machen (Pluto am IC aus dem 6. Haus der Vorausschau).

IC im Löwen, MC im Wassermann: Laudas Löwe-IC zeigt den starken Wunsch, sich selbst zu leben und Herr im eigenen Hause zu sein. Da Löwe an der Spitze des 4. Hauses die Konstellation Sonne/Mond darstellt, ist davon auszugehen, dass dieser Wunsch nicht so einfach umsetzbar ist. Mutter oder Vater oder beide Eltern überlagern die eigenen Motive. Mit Wassermann am MC sieht Lauda die Lösung darin, frei von diesen Überlagerungen zu werden und sich durchzusetzen (Uranus im 1. Haus). Er tat es jedoch ohne direkte Konfrontation (Uranus im 1. Haus = Mars/Uranus), sondern sorgte selbst für seine Finanzen (Lilith Spiegelpunkt Achse 2/8). Die IC/MC-Achse befindet sich auf 15°45‘ Wassermann, das entspricht dem Kritischen Grad Sonne/Uranus, der von 14 bis 16° Löwe/Wassermann reicht. Da die Häuser sich sehr schnell fortbewegen (im Schnitt alle 4 Minuten 1 Grad) haben Hausspitzen auf Kritischen Graden eine herausragende Bedeutung. Der Sonne/Uranus-Grad beschreibt Niki Lauda als einen äußerst individualistischen Menschen mit plötzlichen Stimmungswechseln und sprunghaftem Denken und Handeln. Wenn die IC/MC-Achse auf diesem Grad steht, ist die innere Motivation: »Heraus aus der Familie«, »anders als die Eltern«, »mit dem Eigenen etwas werden«. Dieses Eigene wird durchgesetzt (Uranus im 1. Haus), und zwar im Sinne des Zwillinge-Prinzips am Aszendenten – Bewegung, Sport. Merkur steht als Herrscher des Aszendenten im 9. Haus: Lauda tritt im sozialen Umfeld auf als der, der anders ist (Uranus im 1. Haus). Später, nach dem Unfall, sorgen seine rote Kappe als Markenzeichen und sein gezeichnetes Gesicht für eine tragische Form von Individualität (Lilith im 11. Haus).

»Zielstrebig. Konsequent. Gelassen.« – so charakterisierte Lauda sich selbst. Pluto am IC (Konstellation Mond/Pluto) zeigt genau das: Das Eigene machen (Wassermann) – und zwar unbedingt und kompromisslos (Pluto), mit aller Kraft, zu der man fähig ist, bis hin zur Uneinsichtigkeit (Pluto). Pluto kommt aus dem 6. Haus: So stellt sich

Abbildung 26: Niki Lauda, Unfall am Nürburgring am 1.8.1976, Tageshoroskop.

Lauda in seiner Persönlichkeit dar. Sein Anpassungswille und seine Anpassungsfähigkeit gehen den uranischen Weg. Er muss seinen tiefsten Wunsch verwirklichen, der durch die Sonne als Herrscherin des 4. Hauses im 10. Haus erklärt wird: Ich will (4. Haus) um jeden Preis (Pluto) gesellschaftliche Bedeutung erlangen (10. Haus), und zwar mit etwas ganz Eigenständigem (Wassermann, Uranus). Dort hinein fließt alle Kraft (Sonne Konjunktion Mars). Die Familienwerte und -bindungen sind ihm dabei nicht gleichgültig (Saturn als Herrscher des 8. Hauses im 4. Haus), aber er kann sie nur auf seine Weise annehmen und nutzen.

Der schwere Feuerunfall, der Niki Lauda für immer zeichnete, ereignete sich beim Grand Prix von Deutschland 1976 auf der Nürburgring-Nordschleife. In der zweiten Runde verliert Lauda die Kontrolle über seinen Ferrari. Der Wagen durchschlägt den Fangzaun, prallt gegen eine Böschung, trudelt zurück und geht in Flammen auf. Beim Aufprall hat es Lauda den Helm vom Kopf gerissen. Lauda wird aus dem brennenden Fahrzeug gezogen. Mit schwersten Verbrennungen und einer Lungenverätzung ringt er während der nächsten Tage mit dem Leben. Die Ärzte sehen wenig Hoffnung, aber Lauda überlebt. »Ich wollte nicht sterben, ich wollte leben – und deshalb habe ich gekämpft«, erinnert er sich 40 Jahre später an seine Zeit im Krankenhaus. Sein eiserner

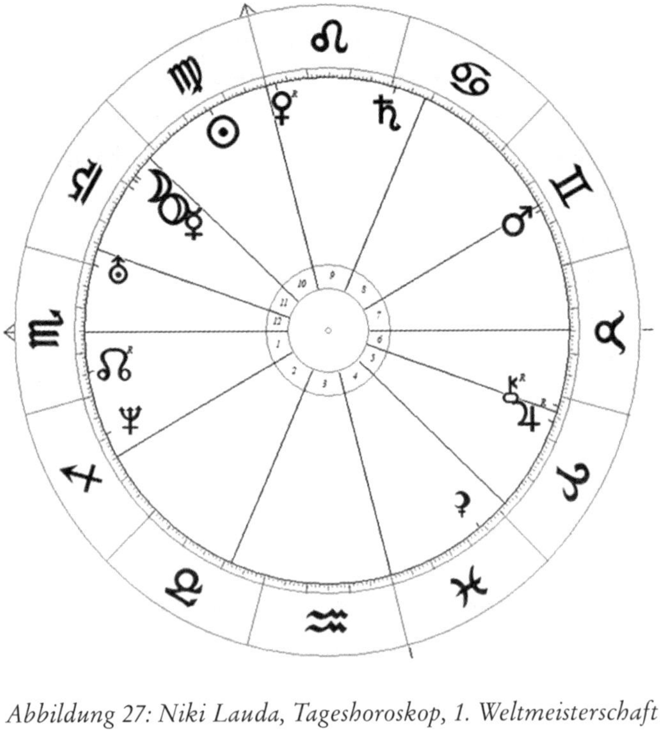

Abbildung 27: Niki Lauda, Tageshoroskop, 1. Weltmeisterschaft 7.9.1975.

Wille (Pluto am IC) hilft Lauda zu überleben, und bringt ihn nur sechs Wochen später wieder auf die Rennstrecke.

Im Tageshoroskop des Unfalls fallen zwei herausragende Konstellationen auf: das MC auf 24°28' Krebs, was dem Inhalt Saturn/Uranus entspricht. 24–25° in den kardinalen Zeichen sind (unter anderem) Todesgrade. Weitere Entsprechungen sind dramatische Ereignisse, Trennungen und Scheidungen. In manchen Fällen wird unter Saturn/Uranus ein Höhepunkt erlebt, wie der krönende Abschluss einer Entwicklung. Der Mond als Herrscher des MC steht in exakter Konjunktion am Aszendenten, was dem Mond größte Bedeutung zuweist. Er blickt auf das Überleben des Körpers, auf die körperliche Bedrohung (Mond/Mars): schwerer Unfall, nach dem Lauda mit dem Tod ringt. Lilith bildet eine exakte Auslösung, wie es zu erwarten ist, wenn wie hier etwas Dramatisches geschieht, das Lauda eine tragische, individuelle Note verleiht (Lilith im 11. Haus im Radix): Lilith steht in enger Konjunktion mit Chiron im 7. Haus und bildet einen exakten Spiegelpunkt zum 5. Haus: unabhängiges, freies Handeln ist aufgrund einer »Begegnungssituation« (7. Haus) nicht mehr möglich. Lauda ist dem Unfallgeschehen und seinen Folgen ausgeliefert.

Das Tageshoroskop von Niki Laudas 1. Weltmeisterschaft zeigt keine speziellen Lilith-Auslösungen. Legt man das Tageshoroskop um das Radix, zeigt sich, dass die erste Weltmeisterschaft unter der transitierenden Lilith in Konjunktion mit der Radix-Lilith stattfand, also zum Lilith-Return. Im Tageshoroskop fällt der Übergangsgrad an der IC/MC-Achse auf, der technisch gesehen von 29° des einen Zeichens bis zu 1° des nachfolgenden Zeichens reicht. Am IC ist das 0° Fische mit der Konstellation Uranus/Neptun, »Wunder werden wahr«. Am MC ist es 0° Jungfrau mit der Konstellation Sonne/Merkur: Lauda hat an diesem Tag außergewöhnliche Geschicklichkeit bewiesen. Die AC/DC-Achse auf 15° Skorpion/Stier, Konstellation Venus/Pluto zeigt einen Sieg, der mit Mühe errungen wurde.

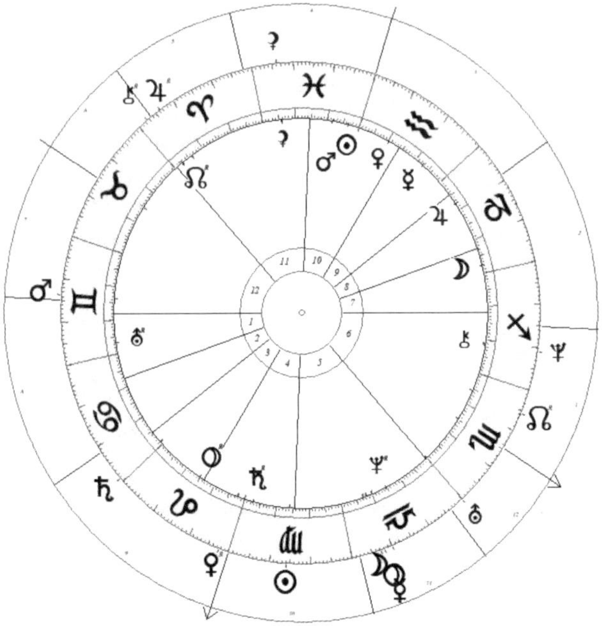

Abbildung 28: Niki Lauda, Erste Weltmeisterschaft 7.9.1975. Das Tageshoroskop wurde als Synastrie außen um das Radixhoroskop gelegt.

Die Positionen der Planeten im Tageshoroskop sind die Positionen, die sie zum Ereigniszeitpunkt im Transit einnehmen. Die transitierende Lilith bildet eine exakte Konjunktion zur Radix-Lilith. Der Transit-Pluto bildet ein Quadrat zur Achse 2/8, Jupiter ein Quadrat zur Achse 3/9, Saturn ein Quadrat zur Achse 6/12. Der Tageshoroskop-Mond steht im exakten Quadrat zur Achse 2/8 (auf 00°23‘ genau) und bringt damit auch Lilith ein.

Die Nabod-Lilith löst die Spitze des 12. Hauses aus (00°40‘), an der sich Laudas aufsteigender Knoten befindet. Ein öffentliches Ereignis, das Laudas dunkle Geschichte einbezieht. Welche Befreiung von alten Schmerzen und Schuldgefühlen mag Niki Lauda bei diesem Sieg

Abbildung 29: Niki Lauda, Dritte Weltmeisterschaft 1984, außen Nabodbogen direkt berechnet auf 21.10.1984.

empfunden haben? Die Nabod-Venus geht über die Radix-Lilith. Im Radixhoroskop herrscht Venus über das 6. und das 12. Haus und steht im 10. Haus. Sie hat also ebenfalls mit Öffentlichkeit (12. Haus), Persönlichkeitsausdruck (6. Haus) und gesellschaftlicher Bedeutung zu tun (10. Haus).

Die AC/DC-Achse befindet sich auf dem Übergangsgrad zwischen Löwe und Jungfrau (0° Grad Jungfrau = Sonne/Merkur) am AC und zwischen Wassermann und Fische (0° Fische = Uranus/Neptun). Auch hier werden »Wunder wahr«. Im Gegensatz zu dem Wunder der 1. Weltmeisterschaft 1974 geschieht nun ein »blaues Wunder«, etwas Unfassliches, womit Lauda niemals gerechnet hätte.

Abbildung 30: Niki Lauda, Tageshoroskop Absturz der Lauda Air in Thailand, 26. Mai 1991.

Lilith bildet ein Bilin (75°) auf die Spitze des 3. Hauses, ein sehr schwieriger Aspekt. Mit 75° liegt das Bilin zwischen einem Quadrat (90°) und einem Sextil (60°). Biline zeigen im Radixhoroskop Störfelder an, die schwer zu greifen sind, weil sie sich weder so deutlich äußern wie ein Quadrat, noch so flüssig bearbeitet werden können wie ein Sextil. In der Auslösung stellen Biline eine starke Blockade dar. Für Lauda muss jede Art von Kommunikation extrem schwer gewesen sein, obwohl er sich aktiv in die Situation einbrachte. Vor allem aber löste das Bilin großen Schmerz aus, der nun für ihn nun vollends mit den Themen des 3. Hauses verbunden war: der eigene Unfall, der ihn als Schicksalsschlag ereilte, und der Absturz der Lauda Air, der für ihn, wie er sagte, der schlimmere war. Im Radixhoroskop fällt die Spitze des 3. Hauses in den Krebs und wird vom Mond beherrscht. Das Lilith-Bilin auf die Spitze des 3. Hauses aktiviert den Radix-Mond auf schmerzhafte Weise. Mit dem Radix-Mond im 7. Haus schaut Lauda auf die Außenwelt, mit der er über die Themen des 3. Hauses verbunden sein will: Sprache, Selbstdarstellung, Bewegung, Sport, Fortbewegungsmittel etc.

Hannah Arendt: Lilith im 12. Haus

Abbildung 31: Hannah Arendt, Radix: 14.10.1906, Linden bei Hannover, Deutschland. Zeitangabe: 21:15 Uhr. Die Überprüfung der Geburtszeit ergab eine Korrektur auf 21 Uhr 11.

Biografie

Hannah Arendt ist eine der großen Persönlichkeiten des 20. Jahrhunderts, deren Lebenswerk dem Verständnis der Zeitgeschichte und des Nationalsozialismus' gewidmet war. Als Tochter säkularer Juden war Hannah Arendt selbst von den Geschehnissen im Dritten Reich betroffen. Säkulare Juden üben ihre Religion nicht aus und verstehen sich als nicht religiös, aber ansonsten in jeder Hinsicht als Juden.

Hannah Arendt studierte Philosophie, protestantische Theologie und Philologie unter anderem bei Martin Heidegger, mit dem sie eine lang geheim gehaltene Affäre verband. 1928 promovierte sie bei Karl Jaspers in Heidelberg. 1933 wurde Hannah Arendt von der Gestapo inhaftiert, ihr gelang jedoch die Flucht nach Paris, wo sie als Mitglied der World Zionist Organization und als Sozialarbeiterin tätig war. 1937 wurde ihr die deutsche Staatsbürgerschaft aberkannt. Bis Dezember 1951 war Hannah Arendt staatenlos. In diesem Jahr erhielt sie die US-amerikanische Staatsbürgerschaft, nachdem sie im Mai 1941 zusammen mit ihrem zweiten Ehemann Heinrich Blücher in die USA ausgewandert war.

Zeitlebens nahm Hannah Arendt in Büchern, Vorträgen und als Hochschuldozentin Stellung zu politischen Ereignissen, besonders zu der Entrechtung und Verfolgung der Juden in der Zeit des Nationalsozialismus.

1951 erschien ihr Hauptwerk THE ORIGINS OF TOTALITARIANISM (dt. Elemente und Ursprünge totaler Herrschaft). Ihr bekanntestes Werk veröffentlichte Arendt 1958: VITA ACTIVA ODER VOM TÄTIGEN LEBEN. In diesem Buch befasst sie sich mit Fragen wie: Was tun wir, wenn wir tätig sind? Wie kommt es, dass Arbeit, die man in der Antike noch verachtete und Sklaven überließ, in unserer modernen Gesellschaft zur höchsten Tätigkeit aufsteigen konnte? Hannah Arendt kritisiert in diesem Buch die heute übliche Verherrlichung der Arbeit, während politisches Handeln als nutzlos und überflüssig betrachtet wird. Als Konsequenz, so Arendt, wird der Mensch abhängig von dem Kreislauf aus Arbeiten und Konsumieren. Im gemeinsamen, öffentlichen Handeln sieht Hannah Arendt die Chance, Gefühle der Entfremdung zu überwinden und mehr zu sein als ein Individuum, das nur auf Selbsterhalt ausgerichtet ist.

1961 nimmt sie als Berichterstatterin am Prozess gegen Adolf Eichmann teil. 1963 erscheint ihr Buch EICHMANN IN JERUSALEM. Ein Bericht von der Banalität des Bösen. Hannah Arendt starb am 4. Dezember 1975 an einem Herzinfarkt in New York.

Lilith-Konstellationen in Hannah Arendts Radix:
Lilith Quadrat Mond (00°59')
Lilith Quadrat Saturn (01°31')
Lilith Spiegelpunktquadrat Sonne (01°05')
Lilith Opposition Venus (06°25')

Mond-Konstellationen in Hannah Arendts Radix:
Mond Quadrat Lilith (00°59')
Mond Quadrat Saturn (00°33')
Mond Spiegelpunkt Achse 2/8 (02°59')

Mond und Lilith in Hannah Arendts Horoskop

Lilith im 12. Haus beschreibt Hannah Arendts schmerzhaft erlebte Konfrontation mit dem Zeitgeschehen. Inhaftiert, aus dem Geburtsland fliehen müssen und von diesem Land ausgebürgert werden – all das sind Lebensumstände, die aus dem großen Raum der Öffentlichkeit und des Staates kommen. Dieser Raum ist für den einzelnen Menschen nicht bestimmbar, nicht kontrollierbar. Hannah Arendt leitet daraus als tief empfundene Sehnsucht (Lilith) ein politisch-soziales Engagement (Lilith im 12.Haus) ab, wie sie es in ihrem Hauptwerk VITA ACTIVA niederlegt.

Mit dem Mond im 4. Haus ist Hannah Arendt mit ihren Gefühlen konfrontiert. Was sie zu dem fühlt, was vor sich geht, kann sie niemals unberührt lassen. Der Mond herrscht über das 1. Haus und steht im 4. Haus. Das entspricht der Häuserkonstellation Mond/Mars: Arendt will und muss sich gemäß dem durchsetzen und engagieren (1. Haus), was sie empfindet (4. Haus). Diese Empfindungen sind immer mit dem wunden Punkt verbunden. Durch das sehr exakte Quadrat zwischen Mond im 4. Haus und Lilith im 12. Haus erhält die dunkle Geschichte noch mehr Brisanz in Arendts Leben. Leid, Verfolgung, Entrechtung dringen ungefiltert in ihr Gefühlsleben ein. Ebenso schutzlos offen ist sie dem Schmerz gegenüber, den die Mutter (4. Haus) fühlt. Der Mond herrscht außerdem über das 2. Haus: Zusammengehörigkeit und gemeinsames Engagement sind zentrale Lebensgrundmotive: »Gemeinsam sind wir stark.«

Die IC/MC-Achse in Hannah Arendts Horoskop

IC in der Jungfrau, MC in den Fischen: Mit einem Jungfrau-IC zählt Hannah Arendt zu den Menschen, denen es ausgesprochen wichtig ist, zu wissen, wo ihr Platz im Leben ist, und welche Bedingungen dort herrschen. Sie braucht einen Orientierungsrahmen und beobachtet sich und die Welt genau, um so viele Informationen wie nur möglich darüber zu bekommen, womit sie zu rechnen hat und wo der beste Platz für sie ist. Sie handelt vorsichtig und vorausschauend: Merkur steht als Herrscher des 4. Hauses im 5. Haus des Handelns. Die Jungfrau ist sich bewusst, dass man im Leben nicht alles überblicken und kontrollieren kann (gegenüberliegendes Zeichen Fische). Dieses Wissen finden Menschen mit Jungfrau am IC ausgesprochen beunruhigend. Deshalb sehnen sie sich nach einem tiefen Vertrauen in das Leben, nach dem Gefühl, geborgen zu sein (Fische). Ängste spielen auch aus anderer Sicht eine Rolle in Hannah Arendts Leben: Mit Mond als Herrscher des 1. Hauses im 4. Haus (Häuserkonstellation Mond/Mars) und Mars im 4. Haus (ebenfalls Mond/Mars) wird das Leben von Anfang an als bedrohlich empfunden. Hannah Arendts Leben war geprägt von der Grunderfahrung, ihren Platz und Lebensrahmen in Deutschland verloren zu haben, bedroht und staatenlos zu sein. Die Antwort des Jungfrau-IC darauf ist, sich nützlich machen zu wollen, und zwar dort, wo Menschen an den Rand gedrängt oder verfolgt werden (Fische-MC, Mitgefühl, und Lilith im 12. Haus, soziale Orientierung).

Die beiden Herrscher des MC, Jupiter und Neptun, stehen in Konjunktion in der Nähe des Aszendenten. Mitfühlen und mehr tun als die eigenen Bedürfnisse zu befriedigen (Aszendent) war ihr großes Anliegen. Genau dieses Anliegen fließt über den Mond als Herrscher des

Aszendenten wieder in den Mond und Lilith ein. So schloss sich der Kreis und schuf eine Lebensaufgabe, der sie sich mit allem widmete, was sie zur Verfügung hatte.

Saturn in der Nähe des MC bringt Disziplin, Struktur und generelles Interesse an gesellschaftlichen Dingen ein. Als Herrscher des 7. Hauses im 10. Haus sorgt Saturn für gesellschaftlich relevante Partner – beide Ehemänner waren bekannte Philosophen. Außerdem sind Begegnung und Zusammenarbeit mit Menschen ein wichtiger Teil ihrer Lebensstrategie (10. Haus). Saturn im Quadrat zu Lilith bekräftigt, dass es Hannah Arendt in erster Linie um Menschen geht, die verfolgt oder benachteiligt werden oder die vom System (Saturn im 10. Haus)

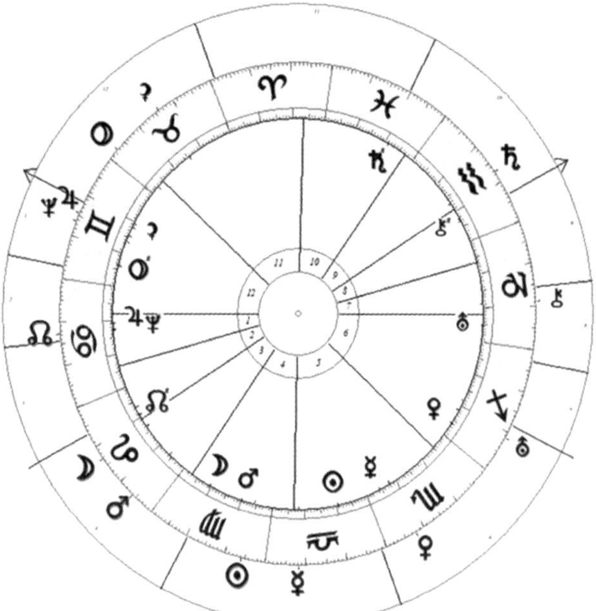

Abbildung 32: Hannah Arendt, Festnahme durch die Gestapo. Freilassung und Flucht nach Paris, Juli 1933, außen Nabodbogen convers.

in eine Abhängigkeit gedrängt und ausgebeutet werden, wie in ihrem Buch »Vita activa« beschrieben.

Nachdem ihr damaliger Ehemann, der Philosoph Günther Anders, ohne Hannah im März 1933 nach Paris emigriert war, wird sie im Juli 1933 acht Tage lang von der Gestapo inhaftiert. Sie wird freigelassen und flieht nach Paris. Der Nabod-Aszendent convers bildet eine Konjunktion zur Radix-Lilith (1°). Diese Lilith-Auslösung war also schon vorher wirksam und beschreibt eine Periode von rund zwei Jahren, in denen Hannah Arendt schmerzhaft mit den Absichten des National-

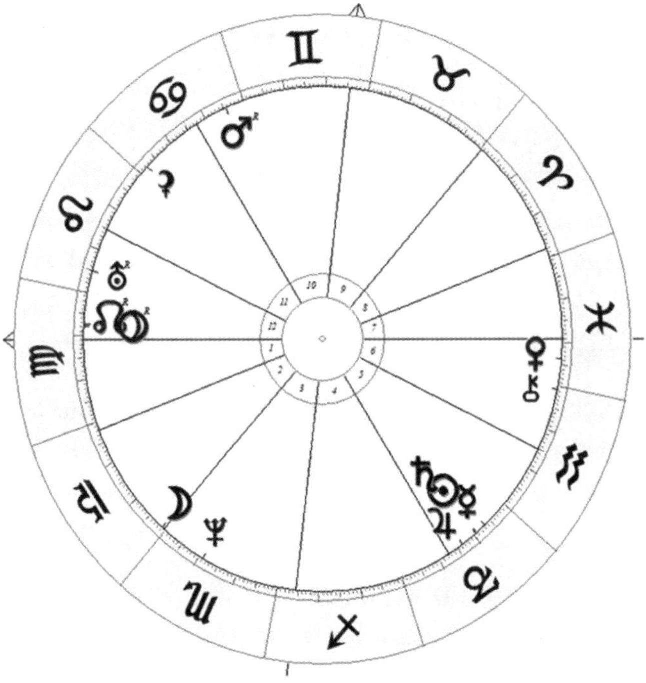

Abbildung 33: Hannah Arendt, 11.4.1961. Der Eichmann-Prozess in Jerusalem beginnt. Tageshoroskop. Das Tageshoroskop ist auf den 10.01.1961 berechnet, da der Prozess vor Hannah Arendts Geburtsuhrzeit begonnen hat.

sozialismus konfrontiert war. Die Nabod-Hausachse 5/11 bildet ein exaktes Quadrat zur Radix-Lilith: »Was soll ich tun? Bleiben oder mit meinem Mann emigrieren? Wie groß ist die Gefahr?«

Vom 11. April bis zum 15. Dezember 1961 fand der Eichmann-Prozess in Jerusalem statt. Hannah Arendt nahm als Beobachterin an diesem Prozess teil und schrieb einen Bericht, der 1963 in Buchform erschien. Als Datum für die Berechnung des Tageshoroskops auf den Prozess-Beginn muss der 14.10.1961 eingesetzt werden, da der Prozess vor Hannah Arendts Geburtsuhrzeit begann.

Im Tageshoroskop bildet Lilith ein exaktes Quadrat zum Mond und über den Mond auch zur Hausachse 3/9. Lilith wäre in diesem Tageshoroskop für sich genommen nicht exakt tagesrelevant, durch den Aspekt zum Mond jedoch schon. Der Tageshoroskop-Mond in exakter Konjunktion mit der Spitze des 3. Hauses hat für diesen Tag eine zentrale Bedeutung. Aufgrund seiner schnellen Bewegung muss der Mond eigentlich nicht wie andere Planeten in exakter Konjunktion oder im exakten Quadrat zu einer Hausachse stehen. Man kann einen größeren Orbis von 5 bis 6 Grad zulassen. Wenn der Mond jedoch eine so genaue Konjunktion bildet, erhöht das seine Bedeutung für diesen Tag, und damit auch von allen Horoskopfaktoren, die mit dem Mond verbunden sind.

Der Tageshoroskop-Mond auf der Spitze des 3. Hauses: Hannah Arendts Wahrnehmung ist darauf gerichtet, was sie über diesen Prozess berichten wird. In einem Nachtrag zu ihrem 1963 erschienenen Buch »Eichmann in Jerusalem« erklärt sie: »Der vorliegende Bericht befasst sich mit nichts anderem als dem Maß, in dem es dem Gericht in Jerusalem gelang, den Forderungen nach Gerechtigkeit gerecht zu werden.« (»The present report deals with nothing but the extent to which the court in Jerusalem succeeded in fulfilling the demands of justice« – Arendt 298.)[17]

17 Arendt's Eichmann in Jerusalem: The Debate Over the Banality of Perpetrators and Its Significance for the Holocaust and Modern Genocide. http://www.history.ucsb.edu/faculty/marcuse/classes/33d/projects/eichmann/EichmannArendt05z.htm

Auch dass sie bei diesem Prozess persönlich anwesend ist (3. Haus) hat für Arendt eine große Bedeutung. Ihre eigene dunkle Geschichte wird berührt. Diese Geschichte ist das Besondere, mit dem sie in der Öffentlichkeit und besonders während des Prozesses assoziiert wird. Sie ist Arendts »Markenzeichen« in der Gesellschaft (Lilith im 11. Haus des Tageshoroskops). Der Mond herrscht über das 11. Haus im Tageshoroskop und greift damit sowohl Arendts eigene Geschichte auf als auch das, was sie auch Sicht einer Betroffenen zum Eichmann-Prozess zu sagen hat.

Legt man Hannah Arendts Tageshoroskop zum Prozessbeginn um ihr Radix, fällt die Tageshoroskop-Spitze des 8. Hauses auf, die eine Konjunktion zur Radix-Lilith im 12. Haus bildet. An diesem Tag und

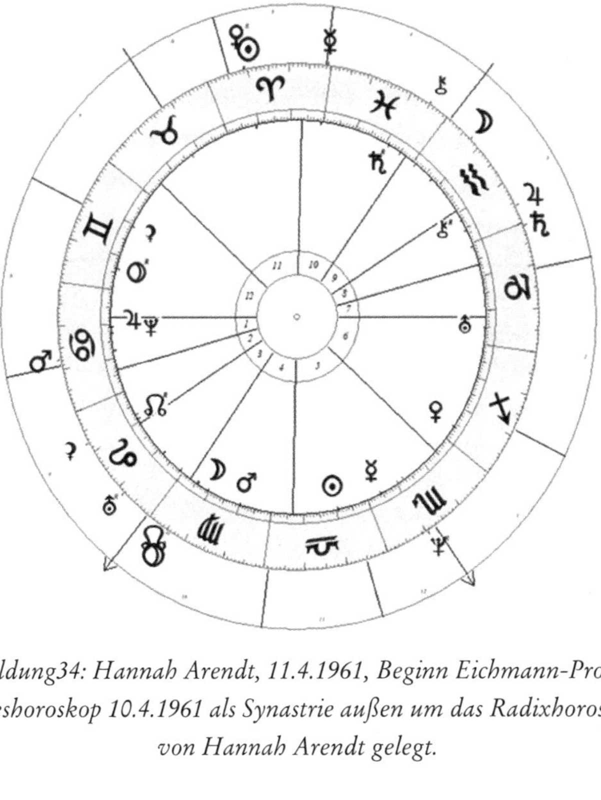

Abbildung34: Hannah Arendt, 11.4.1961, Beginn Eichmann-Prozess. Tageshoroskop 10.4.1961 als Synastrie außen um das Radixhoroskop von Hannah Arendt gelegt.

in diesem Prozess geht es für Hannah Arendts um ihre Werte (8. Haus) zum Menschsein und Umgang mit Menschen. Auch die Mutter, mit der sie mit Mond im 4. Haus eine innige Beziehung verband, war in ihrem Bewusstsein präsent. Wie ihre Mutter sie erzog, Diskriminierungen zu begegnen, ist beinahe sprichwörtlich geworden: »Sehen Sie, der Antisemitismus ist allen jüdischen Kindern begegnet. Und er hat die Seelen vieler Kinder vergiftet. Der Unterschied bei uns war, dass meine Mutter immer auf dem Standpunkt stand: Man darf sich nicht ducken! Man muss sich wehren! Wenn etwa von meinen Lehrern antisemitische Bemerkungen gemacht wurden, meistens gar nicht mit Bezug auf mich, sondern in Bezug auf andere jüdische Schülerinnen, zum Beispiel ostjüdische Schülerinnen –, dann war ich angewiesen, sofort aufzustehen, die Klasse zu verlassen, nach Hause zu kommen, alles genau zu Protokoll zu geben. Dann schrieb meine Mutter einen ihrer vielen eingeschriebenen Briefe; und die Sache war für mich natürlich völlig erledigt. Ich hatte einen Tag schulfrei, und das war doch ganz schön. Wenn es aber von Kindern kam, habe ich es zu Hause nicht erzählen dürfen. Das galt nicht. Was von Kindern kommt, dagegen wehrt man sich selber.«[18]

Der Tageshoroskop-Mond bildet einen Spiegelpunkt zur Mondknotenachse und zu Chiron. Der absteigende Mondknoten in Konjunktion zu Chiron ist in beide Häusern zu zählen, zum 8. und zum 9. Haus. Arendts Werte und ihr vom Chiron-Schmerz des Außenseiters getriebener Wunsch, ihre Meinung zu den Geschehnissen zu äußern (9. Haus), stehen im Vordergrund.

Martha Beerwald starb am 27. Juli 1948. Sie hatte nochmals geheiratet, nachdem Hannahs Vater Paul Arendt früh verstorben war. Hannah war damals sieben Jahre alt. Da die Uhrzeit des Todes nicht bekannt ist, habe ich die Tageshoroskope sowohl auf den 26.7.1948 berechnet als

18 Zum neunzigsten Geburtstag der Philosophin Hannah Arendt. Die Würde eines Parias.
https://www.zeit.de/1996/42/arendt.txt.19961011.xml/komplettansicht

Abbildung 35: Hannah Arendt, Tod der Mutter. Tageshoroskop 26.7.1948.

auch auf den 27.7.1948, das Sterbedatum. Hannah Arendt ist um 22:11 Uhr geboren. Alle Ereignisse, die vor dieser Uhrzeit stattfanden, sind vom Datum her dem Vortag zuzurechnen. Die beiden Tageshoroskope zeigen den inneren Prozess, den Hannah Arendt durchlaufen hat. Das Tageshoroskop ist wie eine Uhr, die sich ständig weiterbewegt. Die Geburtsuhrzeit setzt den Startpunkt für den Tag. Aus astrologischer Sicht ist davon auszugehen, dass Martha Beerwald vor Hannahs Geburtsuhrzeit, also am 26.7., gestorben ist.

Im Tageshoroskop des 26.7. läuft die AC/DC-Achse über den Kritischen Grad 0° Fische. Dieser Grad geht von 29° Wassermann bis 1° Fische. Michael Roscher nannte diesen Grad »Wunder werden wahr«.

Abbildung 36: Hannah Arendt, Tod der Mutter am 27.7.1948, Tageshoroskop.

Gemeint sind damit völlig unerwartete Dinge, etwas, womit man nie gerechnet hätte, im Guten wie im Schlechten. Der Tod ihrer Mutter kam für Hannah wie ein Blitz aus heiterem Himmel. Unabhängig davon, ob Martha Beerwald krank war, ihr Tod war für Hannah etwas Unfassliches, das sie nicht erwartet hatte. Noch hat der Tagesaszendent Lilith nicht erreicht, aber schon am Abend ab 22 Uhr 11, wenn der 27. Juli für Hannah beginnt, bilden Tagesaszendent und Lilith eine exakte Konjunktion.

Zu ihrer Mutter hatte Hannah Arendt zeitlebens eine tiefe und auch schmerzliche Verbindung. Sie ist im Radixhoroskop in Form von mehreren Konstellationen erkennbar: Mond im 4. Haus im Quadrat zu Lilith, Mond als Herrscher des 1. Hauses im 4. Haus (Mond/Mars), Mars im 4. Haus (Mond/Mars) im Quadrat zu Pluto (Mars/Pluto). Hannah nimmt den Schmerz der Mutter über die Diskriminierung, die ihnen als Juden entgegengebracht wurde, deutlich wahr. Auch die Last, die sie trug, als Hannahs Vater früh verstarb. Und sie sieht die Haltung der Mutter, nicht klein beigeben, »sich nicht ducken« (Mars Quadrat Pluto). Auch: Gefühle abblocken und in eine rationale Haltung gehen als Selbstschutz (Mars im 4. Haus Quadrat Pluto). Das tun beide, Mutter und Tochter. Hannahs Mutterbild sagt auch gleichzeitig etwas über sie selbst aus, denn in Hannahs Horoskop können nur die Wesensmerkmale der Mutter abgebildet werden, die auch Hannah in sich trägt.

Entsprechend geht Hannah ähnlich mit sich selbst um. Haltung bewahren, die Last der Mutter nicht noch größer machen. Als Hannahs Vater Paul im Oktober 1913 starb, schilderte ihre Mutter Hannahs Reaktion so: »Im Oktober Pauls Tod. Sie nimmt das als etwas Trauriges für mich auf. Sie selbst ist unberührt davon. Sie sagt, um mich zu trösten: ›Denke daran, Mutti, dass das noch vielen Frauen passiert.‹ Sie ist auch bei der Beerdigung dabei und weint, ›weil so schön gesungen wird.‹ Sonst empfindet sie wohl so etwas wie Genugtuung, dass so viele Menschen sich mit ihr beschäftigen. – Sonst ist sie ein sonniges Kind mit einem guten warmen Herzen.« Mit Sonne als Herrscherin des 3. Hauses im 5. Haus im Radixhoroskop tritt Hannah Arendt als »Sonnenschein« auf. Selbst Martha glaubt dem Auftreten ihrer Tochter. Sie ist besorgt, weil die beiden großen Verluste (der Großvater und der Vater starben im selben Jahr) sie »nicht stärker berührten«.[19]

---

19 Elisabeth Young-Bruehl: Hannah Arendt. Leben, Werk und Zeit. Erweiterte Ausgabe. Frankfurt am Main 2004.

Bibliografie

Christow, Swantje: Der Lilith-Mythos in der Literatur. Der Wandel des Frauenbildes im literarischen Schaffen des 19. und 20. Jahrhunderts. Aachen 1998

Greene, Brian: Das elegante Universum. München 2005

Hamann, Brigitte: Ihr Lebensziel. Die IC/MC-Achse und der Lebenssinn im Horoskop. Tübingen 2002

Hamann, Brigitte: Die Achse der Bestimmung. Motive des Lebensweges im Horoskop. Tübingen 2004

Hamann, Brigitte; Krüger, Harald: Entwicklungsorientierte Astrologie. Deutungssystematik und Lebensschlüssel. Tübingen 2004

Hamann, Brigitte: Chiron – Brennpunkt für besondere Fähigkeiten. Tübingen 2005

Hamann, Brigitte: Das innere Kind im Horoskop. Die Entwicklung des Wesenskerns aus astrologischer Sicht. Tübingen 2006

Hamann, Brigitte: Häuser und Häuserherrscher. Tübingen 2007

Hamann, Brigitte: Die Zwölf Archetypen. Tierkreiszeichen und Persönlichkeitsstruktur. München 2011

Kündig, Heinrich, Astrologische Prognose. Zürich 1955

Roscher, Michael: Kritische Grade im Horoskop. Tübingen 2005

Roscher, Michael: Kritische Grade in der Prognose. Tübingen 2005

Roscher, Michael: Der Mond. Tübingen 2006

Möchten Sie in einer persönlichen Beratung mehr über sich und Ihre Lilith-Themen erfahren oder wollen Sie die Deutung selbst erlernen? Lilith ist ein wichtiger Teil des IC/MC-Deutungsmodells, des Herzstücks der Ausbildung zur Astrologin / zum Astrologen mit Diplom EOA®.

Mehr zur Lebensschlüssel-Beratung und zur Ausbildung zur Astrologin / zum Astrologen mit Diplom EOA® finden Sie unter: www.brigitte-hamann.de

Standardwerke der Astrologie

BRIGITTE HAMANN

Ihr Lebensziel

Die IC/MC-Achse und
der Lebenssinn im Horoskop
288 Seiten, Broschur, 7 Abbildungen

ISBN 3-925100-73-3

Das Lebensziel wird im Horoskop meist an der Stellung des Medium Coeli (MC) abgelesen. Die Vorstellung, dass wir uns von einem Ausgangspunkt, dem Imum Coeli (IC), auf dieses Lebensziel zu bewegen und dass das MC somit das Ergebnis und die Erfüllung dieses Zieles darstellt, ist jedoch unzureichend. Aufgrund intensiver Studien kam die Autorin zu einem bahnbrechenden Ansatz: Das Lebensziel liegt im Ausgleich der Gegensätze, in der Mitte zwischen beiden Polen. Das IC enthält unser schöpferisches Potential. Am MC finden Sie die ergänzenden Eigenschaften, Verhaltensweisen und Themen die Sie benötigen, um dieses Potential in seiner besten Form verwirklichen zu können. Außerdem gibt es einen Fluchtpunkt. Dieser beschreibt wichtige Vermeidungsstrategien, die wir anwenden, um unseren Lernthemen auszuweichen.
Die Autorin beschreibt die spirituellen, psychologischen und astrologischen Deutungsgrundlagen der beiden Gegenpole. Dabei kommen dem IC und dem 4. Haus eine tragende Rolle zu, denn dort ist das, »was unsere Welt im Innersten zusammenhält.« Die zwölf Lebensziele sind in einer anschaulichen und eingängigen Sprache beschrieben.

Da dieses Buch nicht nur Konstellationen beschreibt, sondern auch eine Fülle an Anregungen zur Umsetzung gewonnener Erkenntnisse in das Tägliche Leben enthält, ist es nicht nur für fortgeschrittene Astrologen eine bereichernde Lektüre, sondern auch gerade für Astrologie-Einsteiger. *Meridian*

CHIRON VERLAG

Standardwerke der Astrologie

BRIGITTE HAMANN

Das innere Kind im Horoskop

Die Entwicklung des Wesenskerns aus astrologischer Sicht
300 Seiten, Hardcover
ISBN 3-89997-135-3

Das innere Kind ist die Kraft in uns, die nach Erfahrungen und Sinn sucht, aber auch der Spieltrieb des Menschen und seine Glücksfähigkeit. Häufig lässt sich dies alles aber nicht optimal leben, weil das innere Kind verletzt ist. Die andere Grundkraft ist der innere Erwachsene, der für Gestaltung sorgt und Energie in konkrete Bahnen lenkt. Diese Kraft kann uns einerseits Orientierung geben oder aber eine Vielfalt von Verboten, die unser inneres Kind einschränken. In diesem Buch erhalten Sie nicht nur eine tief gehende Betrachtung dieser Persönlichkeitsaspekte. Die Autorin verbindet diese gekonnt mit der Astrologie und beschreibt für jeden leicht nachvollziehbar die zwölf Erlebensformen des inneren Kindes und des inneren Erwachsenen. Mit Hilfe des Horoskops können wir die andere Seite in uns, Verletzungen und Abwehrstrategien schnell erkennen. Brigitte Hamann belässt es aber nicht nur bei der bloßen Beschreibung, sondern vermittelt dem Leser auch Übungen, damit Sie mit dem inneren Kind in Kontakt treten können und vor allem, um diesen Kontakt aufrecht zu erhalten.

CHIRON VERLAG

Standardwerke der Astrologie

LIANELLA LIVALDI-LAUN

Lilith

Die Begegnung mit dem Schmerz.
Die Astrologie des Schwarzen Mondes
Broschur, 160 Seiten, 62 Abbildungen

ISBN 3-925100-15-6

Lilith war nach hebräischer Tradition die erste Frau Adams, die dunkle Erscheinungsform der weiblichen Gottheit.
In der Astrologie entspricht Lilith dem Schwarzen Mond. Es handelt sich nicht um einen hypothetischen Planeten, sondern um einen sensitiven Punkt, vergleichbar mit den Mondknoten. Lilith ist per Definition der zweite Brennpunkt der Mondellipse, wobei der erste Brennpunkt von der Erde selber eingenommen wird. Die Umlaufzeit beträgt 3232 Tage, was ca. 9 Jahren entspricht.
Die Autorin untersucht diesen kaum erforschten sensitiven Punkt anhand zahlreicher Horoskopbeispiele. Sie stellt heraus, daß Lilith die nicht integrierte Anima in der männlichen Psyche darstellt, während sie in der weiblichen Psyche den Schatten verkörpert. Lilith der schwarze Mond entspricht dem Prinzip der unerfüllten Wünsche: dem Gefühl, welches nach der Vertreibung aus dem Paradies in uns zurückgeblieben ist.
Neben der Deutung Liliths in den Häusern bespricht Lianella Livaldi-Laun ausführlich die Aspekte zu den persönlichen Planeten.
Der Mond ... galt als höchster Ausdruck der Weiblichkeit, mit positiven und negativen Valenzen; er war für den Menschen immer sichtbar. Lilith hingegen entsprach einem gefährlichen dunklen weiblichen Bild. *Roberto Sicuteri*

CHIRON VERLAG

Standardwerke der Astrologie

LIANELLA LIVALDI LAUN

Lilith im Transit

Der Schwarze Mond im Alltag
152 Seiten, Broschur

ISBN 3-925100-51-2

Lilith trägt trotz ihrer Düsterheit zugleich auch ein höchst kreatives Potential in sich. Dies tritt besonders durch die Transite zum Vorschein, vor allem wenn langsame Planeten beteiligt sind. Der Schwarze Mond aktiviert dabei wichtige Lebensprozesse, die uns mit der Befreiung von unechten Verhaltensweisen konfrontieren. Die Autorin erforscht seit vielen Jahren das astrologische Prinzip Lilith und ist die Wegbereiterin für deren Betrachtung im deutschsprachigen Raum. Mit diesem Buch liegt nun erstmalig eine umfassende Darstellung der Transite des Schwarzen Mondes vor. Es werden alle Transite Liliths zu den Planeten beschrieben sowie die Übergänge der langsamen Planeten über den Schwarzen Mond. Außerdem wird der Transit Liliths durch die einzelnen Häuser und über die Hauptachsen gedeutet. Durch die Gefühle, die uns diese Transite vermitteln, werden wir die Fassade, hinter der wir uns verstellen, nicht mehr brauchen und lernen, mit unseren Mängeln umzugehen.

Die Autorin schöpft aus den Erfahrungen ihrer langjährigen deutungs-praktischen Beschäftigung mit Lilith. Und so kann uns das Buch vielleicht wahrhaftig dazu verhelfen, hinter die Fassade unserer vermeintlich intakten Erlebniswelt zu sehen. merCur

CHIRON VERLAG

Standardwerke der Astrologie

ERNST OTT

Lilith-Aspekte im Horoskop

Eine Quelle von Lust und Lebendigkeit

128 Seiten, Paperback, 10 Abbildungen
ISBN 978-3-89997-225-2

Jeder Planet, der einen Aspekt von Lilith empfängt, ist an einen Kraftstrom angeschlossen. Diese Planeten können mit Liliths Hilfe zur eigenen Urnatur zurückkehren. Lilith führt uns zur Natürlichkeit zurück. Planeten mit Lilith im Rücken erhalten eine große Chance, anerzogene komplizierte Rücksichten abzulegen und ihre einfache ursprüngliche Kraft wieder zu erlangen. Dieses Buch trägt zu einem neuen und vertieften Verständnis des schwarzen Monds im Horoskop bei. Es schildert Lilith nicht mehr als kinderfressende Dämonin, sondern als faszinierende Urwaldfrau und als eine Quelle von Lust und Lebendigkeit.

Sein Buch ergänzt die Reihe an Veröffentlichungen um eine rein positive Stimme. »Lilith-Aspekte « ist ein erfrieschende Buch. Ernst Ott macht Lust auf Lilith

Meridian 5/2014

CHIRON VERLAG